6S精益管理

[工具执行版]

孙少雄　邱　杰◎著

中国经济出版社
CHINA ECONOMIC PUBLISHING HOUSE
·北京·

图书在版编目（CIP）数据

6S 精益管理：工具执行版／孙少雄，邱杰著．
—北京：中国经济出版社，2020. 1
ISBN 978 - 7 - 5136 - 5602 - 3

Ⅰ．①6… Ⅱ．①孙… ②邱… Ⅲ．①制造工业—精益生产—工业企业管理—生产管理 Ⅳ．①F407. 406. 2

中国版本图书馆 CIP 数据核字（2019）第 047095 号

责任编辑　海　毅　高晓晔
责任印制　巢新强
封面设计　任燕飞设计室

出版发行　中国经济出版社
印 刷 者　北京富泰印刷有限责任公司
经 销 者　各地新华书店
开　　本　710mm × 1000mm　1/16
印　　张　18. 75
字　　数　290 千字
版　　次　2020 年 1 月第 1 版
印　　次　2020 年 1 月第 1 次
定　　价　58. 00 元
广告经营许可证　京西工商广字第 8179 号

中国经济出版社　**网址** www. economyph. com　**社址** 北京市东城区安定门外大街 58 号　**邮编** 100011
本版图书如存在印装质量问题，请与本社销售中心联系调换（联系电话：010 - 57512564）

前言

任正非说，企业最终的竞争是质量的竞争。

的确如此，特别是在“供给侧结构性改革”“中国制造 2025”的时代背景下，质量这一要素在企业竞争中的地位更加突出。

许多企业为了提升质量，学习与采用各种管理手段，依然不见成效，为什么？原因就在于从产品质量谈质量，而没有关注人的品质。仅仅强调经验、执行、命令，是远远达不到提升质量要求的。所以，没有人的职业化、专业化，产品品质、企业运营就无从谈起，企业管理也必然会一团糟。没有了现场，市场也好不到哪里去。可以说，造物之前先造人，造人必做 6S。那么，造人与 6S 有什么关系呢？

6S 是指整理、整顿、清扫、清洁、素养、安全。6S 精益管理是通过推行整理、整顿、清扫来强化管理，再用清洁来巩固成果，通过这 4S 来规范员工的行为（行动化），通过规范员工的行为来改变员工的工作态度，消除安全隐患，使之成为习惯（习惯化）的过程。这种习惯需要持续强化，不断提升员工的素养，逐步将 6S 变成员工思维的基本工具，达到 6S 的高级阶段。

关于 6S，我们可以从这个发生在日本的故事说起：

日本企业家田中义人在一次活动中认识了另外一位企业家键山秀三郎，两个人在交流过程中，键山告诉田中一个道理：“管理开始于环境维持，也终于环境维持。”田中通过和键山交谈了解到，原来键山 30 年来在公司一直坚持亲自清扫厕所的活动，因为清扫让键山的人生及公司变得更好了。键山还说了一句让田中印象深刻的话："通过清扫，人们可以摒除杂念，变得更加谦逊，并为公司注入新的活力。"

田中听了键山的话，感触良多，决定亲自体验。于是，他从小区周围的环境开始，连同一个废弃的厕所一并清扫，坚持每天早上做到，从不间断。

一段时间后，田中发现，休息区的烟头、饮料瓶、食品包装袋等垃圾逐渐减少，连周围的小朋友们都开始不再随意扔垃圾了。小区内的老人也逐渐加入了清扫的行列，整个小区变得越来越干净、舒适。随后，小区的居民们开始了废弃厕所的重建工作。

就这样，由于田中的行为，整个小区由昔日的脏乱差变成了一个人人称赞、人人喜欢的舒适社区。

原来，清扫真的可以为环境注入新的活力。环境对人的影响，可以让人从心理到行为发生改变，这种影响是潜移默化的。在不知不觉中，人变了，环境变了。而6S（整理、整顿、清扫、清洁、素养、安全）正是通过改变环境来规范人、改造人、培养人、成就人。

张瑞敏有过一段论述："有的人做事，最大的毛病是不认真，做事不到位，每天工作欠缺一点，天长日久就成为落后的顽症。"如何培养员工、提升员工的素养，是提升国内企业软实力的一项重要工程。现阶段国内企业的员工与日本企业的员工的整体素养比较，差距最大的应该是规范性。

日本企业的员工工作非常细致和规范，做事追求百分之百的完美，注重秩序和细节。坐过日本新干线的朋友都会感受到日本员工的规范性：新干线的列车服务员都经过了严格训练，她们戴帽子的角度、胸花和小丝巾的位置都一模一样，就连说话的表情几乎也都一模一样。

客人进入车厢后，她们会向客人鞠躬，用分外柔和的声调说："欢迎乘坐新干线。"在行车过程中，推着售卖小车的服务员会慢慢地走过来，一路不停地打招呼，轻声细语，面带微笑，让人备感亲切。服务员离开每一节车厢的时候，会再次回头鞠躬，对大家说："给大家添麻烦了，请大家好好享受这次旅行。"即使有的车厢内空无一人，服务员依然会朝着无人的车厢鞠躬，毫无懈怠之情。

设想一下，处于同样的情景时，我们的员工会怎样做呢？恐怕有人会笑：日本人的做法太傻了。之所以会有这样的想法，其实是你没能体会到规范的重要性。所谓规范，就是制定一个最佳标准，然后将其不断复制，使运作成本最小化、团队力量最大化。企业运作是靠团体作战，不像一个人做生意单兵作战，所以规范性对企业来说至关重要。在部队，被子要叠成豆腐块，踢正步时所有士兵的脚面要踢到同一高度，这些严格的训练同样是为了提升规范性和一致性。打仗时并不需要踢正步，平常之所以训练踢正步就是为了在真正的战斗到来时，团队的战斗力能发挥到最大化。同样，6S 活动在企业的持续推行，也是通过训练员工的规范性来提升团队的整体素养。

有人认为，国内企业员工的整体规范性比日本企业要落后30 年。笔者认为，落后多少年并不可怕，只要我们认清差距，通过推行6S 精益管理等活动改变原有的不良做法和习惯，中国企业员工的整体素养一定能逐步得到提升。可怕的是，部分管理者认为，员工的规范性不是那么重要，员工只需掌握技术就好了，就像电焊工只需训练其电焊技术，战士只需训练其枪法一样。但是，如果一支军队只训练枪法，不注重提升作战素养，则这样的军队要打胜仗一定非常困难。

同样，6S 精益管理活动是企业的管理基础，员工要将规范做事变成一种习惯，变成一种本能反应，只有这样才能打赢真正的攻坚战。习武者少不了温习基本攻防技法，不温习，功夫会退；歌手要练嗓子，不练，声音就会僵涩；企业同样需要不厌其烦、踏踏实实地进行基本管理的修炼，一旦忽视，忧患就会接踵而至。

6S 精益管理活动是管理基础，自然要与生产系统、物流系统、品质系统等融为一体，服务于各管理系统，让各系统的运作更加顺畅。可以说，6S 是安全的软件设备，是高效率的前提，是交货期的保证，是节约的能手，是品质零缺陷的护航者，是企业最佳的推销员，是企业管理的基础，是标准化的推动者，更是精细化管理的基础和前提。

推行 6S，持续改善，相信你的企业、员工、工作现场及企业在客户心中的形象，乃至企业竞争于外部市场，都会给你带来意想不到的变化和惊喜。人对了，事情才能做对，企业才能更加健康地运营和发展。

视频0　企业为什么要实施6S?

扫码看视频，让作者告诉你6S对企业来说意味着什么。

目录

第一章 6S 精益管理：企业高效运转的工具

6S 精益管理是一种意识，是一种认真的态度，是一种精益求精的文化，是企业高效运转的工具，更是全球制造业发展的大势所趋。

第二章 整理：精装上阵，企业走得更远

整理是整个 6S 活动的第一步，开展的主要工作就是把不要物清理出现场，只留下必要物，后面的“5S”只对剩下的必要物进行管理。如果不先进行整理，那么工作现场将充满不要物，会给后面的工作带来阻碍。

第三章 整顿：规整必需品，有秩更有序

整顿是将经整理留下的必需品进行科学合理的布局及定位、定量摆放，让使用者在工作中能够用最快的速度取得，以达到在最简捷、有效的规章制度和流程下完成工作的目的。

第四章 清扫：有备无患，积蓄力量

在6S活动中，清扫是企业最常用、最熟悉的环节。很多企业都将清扫等同于打扫，实际上，6S清扫工作比企业日常进行的打扫更深入，它不仅包括工作环境的清扫，还包括对生产设备的擦拭和清洁，以及对污染源的治理等。

第五章　清洁：提升品质，维护形象

清洁活动主要是通过制度化、规范化来维持“整理、整顿、清扫”的成果。很多企业在推行6S工作时，一开始非常积极，但经过两三个月后，又回到了最初的混乱状态。究其原因，是缺少了“清洁”这一重要环节。清洁活动的重要目的是形成制度化、标准化，且重在执行。

第六章　素养：保证品质，生生不息

企业明明做了6S活动，为什么还是好两天、差两天呢？企业每天都在做6S，天天宣传6S，为什么一听说有人参观就手忙脚乱，如临大敌呢？其关键原因，还是没有养成习惯，也就是6S中的“素养”活动缺失。

第七章 安全：消除隐患，健康安全

没有安全，企业就没有持续发展的根本保障；没有安全防范意识和活动，就没有健康的企业环境，就会事故频发。所以，加强企业安全，增强员工的安全防范意识，是每一个企业的责任。

第八章 管理有道：善于筹谋，成功推行

管理者不能只会发号施令，还要学会规划，为员工铺路。6S系统的改进比完成目标更为重要，所以一定要善于谋划统筹全局，在6S逐步分解的过程中找到科学的方法加以推行。

第九章 七大误区：6S虽好，别走偏了

通过对6S管理活动常见误区的认识，有助于我们正确理解6S精益管理，真正把这一管理模式坚持下去，让管理更规范，让员工和企业更加受益。

第十章 实战案例：6S 在各行业的落地运用

在移动互联网和电子商务迅速发展的今天，各行业特别是实体企业要不甘落后，就要从打造更优质的环境和更高素养的生产服务着手。可以说，6S 给各行各业提供了一套与互联网并行不悖，而且更加重视可视化的管理方案。

附 录 6S 精益管理实用工具箱

视频目录

01

第一章

6S精益管理：

企业高效运转的工具

6S精益管理是一种意识，是一种认真的态度，是一种精益求精的文化，是企业高效运转的工具，更是全球制造业发展的大势所趋。

一、6S 的起源与发展

6S 管理模式是怎样风靡全球的？它起源于哪里？为何它如此受到企业的追捧和欢迎？6S 管理模式到底有何魅力？

6S 的起源

6S 最初是由 2S 演化而来的，而 2S 的管理模式，最初是由一位叫作中岛泽平的日本小企业主发明的。中岛泽平经营着一家小公司，起初经营得还不错，但后来却出现了经营危机。中岛泽平向妻子表示，企业的经营遇到了困难，订单越来越少，工人士气也不高，品质总出问题，他担心企业会很快倒闭。

中岛太太来到了工厂。虽然她没有参与过公司经营，但是眼前的一切还是让她吓了一跳。工厂混乱不堪，即使停产了，也没有人去打扫、整理散落在地上的生产垃圾和零部件，厂房的角落里甚至结满了蜘蛛网。

中岛太太认为，经营一个工厂，与经营一个家庭有着内在的联系，如果让员工每天到公司上班，与在自己的家一样心情放松，那么员工怎么会士气低落呢？而家就要有家的样子，首先环境必须整洁。

于是，中岛夫妇按照管理家庭的方法，将工厂的区域功能分成车间、原料仓库、办公室等作业功能区。功能区域分清以后，他们对公司的所有物品进行了分类，将能够用到生产中的物品都放到相应的位置；将不能用于生产的物品全部变卖；接着对机器设备进行了彻底的清扫，对器具重新进行了处置。经过三个月的整理、整顿和彻底清扫，工厂面貌焕然一新。

一起整理完后，妻子对中岛说："订单减少了，肯定是由于之前客户来到你的工厂，发现了管理上的混乱。现在你可以重新邀请那些客户来企业走走、看看。"

于是中岛先生给他原来的客户打电话，邀请他们再来公司看看。由于中岛和他们有长期的合作关系，一些老客户就答应到中岛经营的公司看看。

一进公司的大门，他们就看到了巨大的变化：整洁的车间里，员工正在井然有序地工作；走进管理人员的办公室，看见文件摆放得整整齐齐，档案柜里的文件也是按照年份和类别归类，一排排码放着。于是，客户对中岛的公司又恢复了信心，因为他们感受到由于工厂环境的极大改善，企业有了脱胎换骨的变化（见图1－1）。

就这样，在中岛的带领下，员工的士气迅速提升起来，大家齐心协力，逐渐恢复了工厂的正常生产。

图1－1　整洁的车间

此后，人们又对这种企业管理理念进行了不断的升级和优化，最终形成了今天的“6S精益管理”。

从6S的传播与发展来看，它是被世界各地广泛应用的行之有效的管理方法。自从1955年日本企业界提出两个S，到1986年5S产生，经历了30多年的时间。在这30多年间，日本的企业逐渐发展起来，其中最典型的就是丰田。大家现在学丰田是学丰田的经营发展模式。20世纪50年代到80年代30年的时间里，5S是丰田公司管理的基本功。5S传到美国以后，美国企业界把5S进行了延伸，加上“安全”就是现在提到的6S。当然，6S

特别强调持续改善。6S 在中国香港也得到了很好的发展。中国香港的企业提到的“五常法”与 5S 活动有异曲同工之妙。在欧洲 6S 被称为“泛 6S”，不仅仅是用于企业，学校、机关等也都在应用（见图 1－2）。

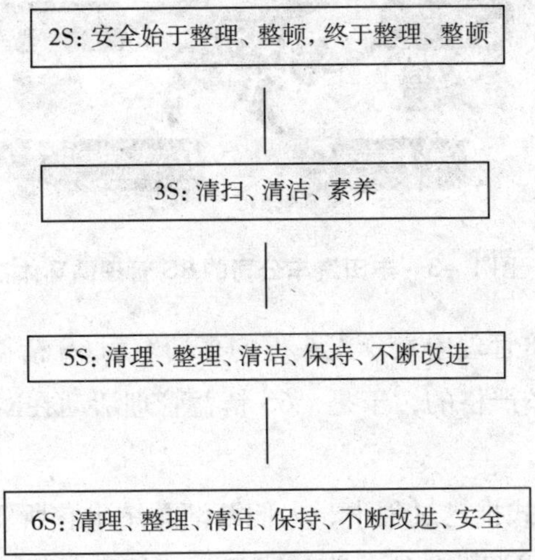

图 1－2　2S 到 6S

6S 的产生和发展

6S 精益化管理源于 20 世纪 50 年代，它的知名度要归功于日本丰田汽车公司的精益生产。当时，在全球汽车行业，美国的通用、福特等企业独霸天下。为了企业的生存，丰田汽车公司建立了以 6S 为导向的精益求精的态度和科学的方法来控制和管理生产过程（见图 1－3），以最小的投入创造最大价值的生产组织体系。

而当丰田汽车通过 6S 管理模式成功跻身全球领先汽车生产企业后，美国麻省理工学院的一批专家开始研究丰田成功的奥秘，6S 管理模式终于家喻户晓。

首先是美国企业，特别是以波音公司作为典范，大力推进 6S 精益管理活动。而在这之前，美国的企业模式推行的都是随意化、人性化的管理理念，在规范性上，相对会差一些。美国企业注重的是创新与创造，因此，每个产品的生产都拥有其创造者的个性，但在标准化程度上，美国企业却不大注重。因此，美国企业为了追求其创造力，造成了大量不必要的生产

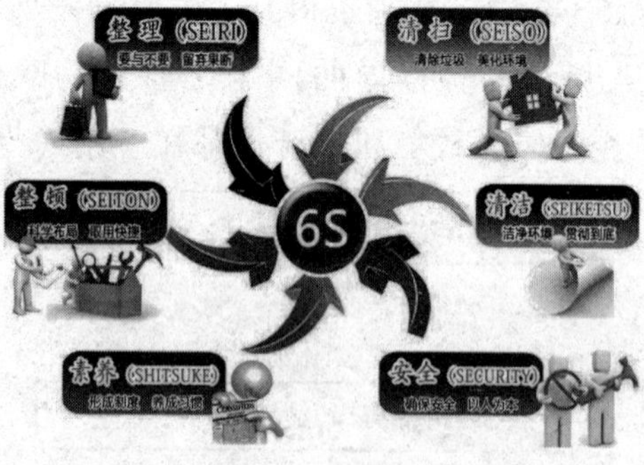

图1－3 丰田汽车公司的6S管理循环体系

浪费。这是其品质管理中最令人头疼的事情。而6S精益管理活动对规范和标准的要求是比较严格的，于是，6S精益管理活动在欧美得到了很好的发展和推进。

在6S管理模式推进过程中，人们渐渐总结出它所侧重的两大方面：

一方面，6S强调的是地、物的明朗化。什么叫明朗化？我们用简单的生活例子加以说明。有人说，德国的马路都是“傻瓜马路”，也就是说，行走在德国的马路上，就连傻瓜都不会迷路。因为在德国的马路上，各种标识非常清楚，根据地图的指示，根据具体的路标，一定可以找得到地方。6S管理强调地、物的明朗化，也就是要让制造现场清晰化。如果制造现场的地、物不明朗，日常的运作、日常的作业就要求员工要非常有经验，这样，对于刚开始作业的新员工而言，就容易出差错。

所以地、物的明朗化，衡量标准是以一个新进员工的眼光，来看工作环境的地、物。他如果看不懂，就代表地、物还不够明朗化；如果他能够看得明明白白、清清楚楚，就代表地、物相当明朗化。

另一方面，6S管理活动强调的是人的规范化。

人的规范化方面有两个国家值得学习，一个是日本，另一个是德国。这两个国家的员工普遍都非常严谨、规范，所以他们把产品的品质做到了世界一流。

6S管理是一种行动，它是通过这样的一个活动来改变人的思考方式，也就是人的想法和行动的品质，从而有机会改变公司的管理水准。

行动品质不等于行为规范。行为规范规定我们该做这个事情，不该做那个事情，这个事情可以做，那个事情不可以做。但是行动品质却强调做事要用心，要做得非常到位。所以，行动品质的核心就是用心做事。

视频 1　为什么在国内实施 6S 会更困难？

扫码看视频，让作者为你解答 6S 推广难题。

二、推行 6S 的三大理由

很多人有这个疑问，推行6S 的理由何在？企业管理的重点不是应该放在盈利上吗？其实，6S 精益管理和企业的效益有着非常紧密的联系。6S 精益管理，在对于创造盈利环境、培育内部人才、提升企业整体效能方面，都起着至关重要的作用。

理由一：环境明朗舒适，企业才能赢利

“那份重要文件去哪儿了？”

会议马上就要开始，可是总经理助理看着堆积如山的文件只能目瞪口呆。这份文件是公司的一份重要项目计划书，会议上需要下发给所有中高层。文件已经签上了总经理的名字，盖上了公章，如果现在准备的话，挨骂不说，也根本来不及。

“明明在前一天就把文件准备好了，怎么就不见了呢？”

这边的助理正在文件堆里翻来翻去，那边的总经理正在不耐烦地看表。今天这次会议主要就是讨论这个项目如何执行，确定流程，会后要发给客户，可是项目书怎么还没有送来？

会议开始了，总经理助理已经满头大汗，虽然找到了几份散落在各处的项目计划书，可份数还是不够……算了，就这样吧。

他急急忙忙地把文件送到会议室。分发的时候，几位部门的经理之前都没有看到这份项目计划书，所以在会议上没有达成一致意见。

总经理很生气，怎么搞的！和客户约定的时间已经到了，流程还没确定，项目还怎么推行！

助理也是一肚子委屈，自己桌上的文件明明在，是谁把它翻得乱七八糟？

明朗、舒适是办公环境的一项基本原则。这里所讲的明朗，是指办公室的布置和办公人员之间职责明朗；舒适，即人们在布置合理的办公场所工作时，身体各方面并没有觉得不适，对工作环境觉得舒适，工作比较称心。

明朗的内涵是物质环境与工作要求的清晰度。它包括：办公室内设备的空间分布、墙壁的颜色、室内光线、空间的大小等与工作特点和性质清晰；人与工作安排得清楚明白；人与人之间的关系，包括工作人员个体、志趣、利益等，简单清晰。只有各方面的因素都简单清楚，在办公室工作的人才会觉得舒适，这样才能发挥他们的潜能，为企业创造更多的效益。

理由二：人造环境，环境育人

6S起源于日本。日本是一个岛国，以前渔民出海的时候，要带一点淡水，因为船上不能带很多东西，生活环境迫使他们必须精打细算。所以在日本推行6S，因为有思考和行为习惯上的传统，就比较容易。从日本的家庭到学校，到整个社会都比较容易推行6S。在欧美国家推行起来也比较容易，因为欧美国家是“yes”和“no”的国家。在欧美，什么东西都进行了切割，分得很清楚，它有整个的思考和做事风格，较为趋同社会环境，所以推行起来也比较容易。

推行6S精益管理有一定难度的是我国的企业，因为我们的员工对事物的判断标准比较模糊，这与我们的文化是分不开的。所以，国内的企业推行6S要下大力气，使之进入人们的意识当中，否则这种管理方法很难应用到工作中。

一项制度的建立难之又难，要规范化、系统化，成为企业文化更是艰难。试想，如果我们创造一个明朗化、规范化、系统化的工作环境，相信不管你招什么人进来，他都很容易能够上岗。而6S精益管理，就是要建立明朗化、规范化、系统化的工作环境和企业文化，通过环境来改变人的思考方式和行动品质，从而提升公司的管理水准。

理由三：提升企业的整体效能

企业管理有两大目标——创造利润和持续发展。所谓提升企业的整体效能，就是提高企业创造利润和持续发展的能力。这种能力又可以分解为企业管理的六大目标：

（1）效率（Productivity）。效率是指在给定的资源下实现产出最大。也可理解为相对作业目的所采用的工具及方法，是否最适合并被充分利用。效率提高，单位时间人均产量就会提高，生产成本就会降低。

（2）品质（Quality）。品质，就是把顾客的要求分解，转化成具体的设计数据，形成预期的目标值，最终生产出成本低、性能稳定、质量可靠、物美价廉的产品。产品品质是一个企业生存的根本。所谓品质管理，就是为了充分满足客户要求，企业集合全体的智慧、经验等各种管理手段，活用所有组织体系，实施所有管理及改善的全部，从而能够以优良品质、缩短交货期、降低成本、优质服务来满足客户的要求。

（3）成本（Cost）。成本是产品在生产活动中所发生的各种费用。企业效益的好坏在很大程度上取决于相对成本的高低，如果成本所挤占的利润空间很大，那么相应的企业的净利润就会相对降低。

（4）交货期（Delivery）。交货期是指及时送达所需数量的产品或服务。在现在的市场竞争中，交货期的准时是非常重要的。准时是在用户需要的时间，按用户需要的数量，提供所需的产品和服务。一个企业即便有先进的技术、先进的检测手段，能够确保所生产的产品质量，而且生产的产品成本低、价格便宜，但是没有良好的交货期管理体系，不能按照客户指定的交货期交货，直接影响客户的商业活动，客户也不会购买其产品。因此交货期管理的好坏是直接影响客户进行商业活动的关键，不能严守交货期也就失去了生存权，这比品质、成本更为重要。

（5）安全（Safety）。安全生产管理就是为了保护员工的安全与健康，保护财产免遭损失，安全地进行生产，提高经济效益而进行的计划、组织、指挥、协调和控制的一系列活动。安全生产对于任何一家企业来说都是非常重要的，因为一旦出现工作事故，不仅会影响产品质量、生产效率、交货期，还会给员工个人、企业带来很大的损失。

（6）士气（Morale）。员工士气主要表现在三个方面：离职率、出勤率、工作满意度。高昂的士气是企业活力的表现，是取之不尽、用之不竭的宝贵资源。只有不断提高员工士气，才能充分发挥员工的积极性和创造性，让其发挥最大的潜能，从而为公司的发展尽其所能做出贡献，使公司快速发展。

综上所述，6S 精益管理推广的三大理由，见图 1－4。

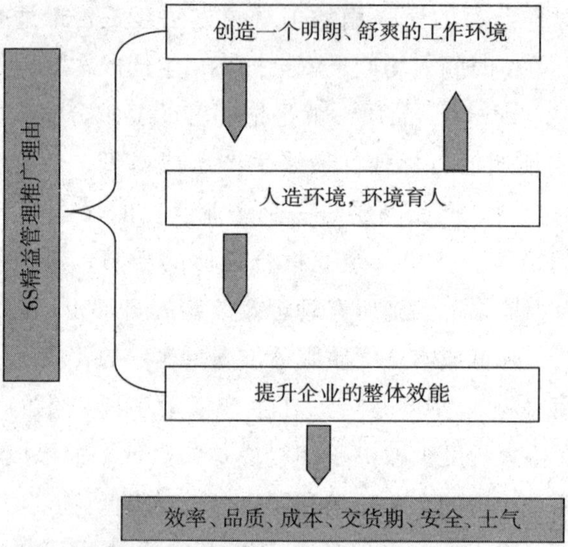

图 1－4　6S 精益管理推广三大理由

视频 2　如何正确认识 6S 工作的开展？

扫码看视频，让作者告诉你如何开展 6S。

三、6S 是一流企业的标志

对于企业来说，形象建设是非常重要的方面，管理一流，形象才能得到社会的认可。6S 精益管理，可以为管理者打造一流的企业管理名片。企业管理的整体提升，加上形象的不断改进，这种正能量的循环，是企业迈向一流的重要标志。

6S 管理与企业的“势”

王健林曾说，为了保证质量，海尔的张瑞敏曾经怒砸冰箱，而我们的故事则更加传奇，万达初期，我们曾拆掉不合格、不安全的房子，总价值达 10 亿元人民币！但是，万达如果没有昔日的“拆”，就不会有今天的崛起！

6S 精益管理，从某种程度上说，是企业精神面貌的一种体现。很多企业管理者在带领客人参观自己的企业时，总担心自己的企业在环境和生产方面表现得不够好，让别人看了“笑话”。实际上，这就是平时欠缺精益管理的一种表现。如果把 6S 管理形成制度，真正落实下去，管理者就不必担心哪里做得不够好。

6S 管理是一流企业的标志，是一种企业的势头，所以我们也可以把它当成企业的一种“势”。6S 管理活动绝非简单的打扫卫生，而是一流企业的一种内在品质。

我们可以看到，6S 管理活动推行比较彻底的一些企业，员工都很主动地遵守各种规定，遵守时间；能够按规定的时间准时集合；作业速度非常快捷而且有序，浑身充满了干劲；精神面貌也非常好。总之，企业的管理状态清清楚楚、一目了然，让人从方方面面都可以感受到企业的一种势头，而且这种势头让人佩服，让客户信赖。

6S 管理体现一流企业的素质

某民营企业老板，20 岁开始创业，一开始做服装、鞋袜等小生意，后来适逢当地内衣制造业迅猛发展，他就选择做内衣加工。几年内，他的企业就拥有了100多名员工，几万平方米的厂房。但是，在同行业内，却一直徘徊在中游。于是，家里的亲戚朋友都来帮忙打理，他每天都忙忙碌碌地工作。但工厂却没有什么进展，企业要做大他就更没信心了。

其实，他的企业之所以没有做大，主要原因在于员工的素质。中层管理人员都说人员不好管理，而普通员工则认为，工作压力太大，人手不够，工厂又不愿意增加人手。工厂每天安排四个搬运工搬运车间的半成品，各车间的成品、不良品、半成品及原料到处乱放，无标识，无区分，有时候出货数量不够，找不到，出货后又冒了出来，让人哭笑不得。

许多管理人员说，这些都是小问题，能出货，客户的钱能收回就好。然而更让人心烦的是，出货总是延期，产品质量无法控制，客户抱怨加大，产品成本增加，价格又下降。

从这个案例可以看出，培养和改善一个企业素质的重要性。一流企业的素质，并不是某些人所认为的只是简单干净、整洁，更是一种企业文化的烙印。

一流企业的素质，包含人的素质和企业的素质：

（1）人的素质。

在《做一个受企业欢迎的人》一书中，作者总结出现代员工所要具备的综合素质包括：道德品行良好，有较强的意志力，心态阳光，富有团队精神，责任心强，做事踏实、灵敏，专业知识扎实并具有持续学习的动能，身体状况符合从业要求。

（2）企业的素质改善。

一流企业往往是由多个工作场所和环节所集中起来的，而企业的素质是由工作场所（现场）和环节中人表现出来的素质决定的。不同的企业表现出不同的企业素质，我们可以从以下几个层面看企业素质：

望：以客人视角看企业。从外面以客人的视角看企业有不同的表现，有的企业地、物明朗，通道与工作区域分得清清楚楚，工作场所保持整洁；有的企业通道不通，功能区域不清晰，工作场所表现出作坊式的脏、乱、差（见图1－5、图1－6）。

闻：倾听员工心声。听听员工的心声，征求一下其他职能部门对本部

图1－5　地、物明朗的工厂

图1－6　脏、乱、差的工厂

门的意见，听听员工的改善建议。倾听也是与员工沟通的一种有效手段。有的企业提出了很多有助于改善的新观念，并予以实施，而有的企业规章制度则是几十年没有变，可见管理者的惰性。

诊：诊断企业运营状况。企业运营管理简单来说就是输入企业资源，经过运营输出产品或服务。对于咨询师而言，了解输入与输出并不难，而对于运营部门（转换系统）而言，短时间内把握并非易事。我们在为企业做诊断时，即使不考虑转换系统，通过输入与输出之间的一些指标（主要是财务指标）亦可判断运营状况（见表1－1）。

表1-1　诊断指标

分类	指标
效率	生产周期、设备综合效率 OEE
	工效
成本	料的利用率
	人工成本比率
	费用比率
质量	良品率（一次通过率）
	客户投诉
士气	出勤率、离职率、工作满意度

切：对企业的状况进行分析。

通过望、闻、诊之后，对企业的经营管理现状做一分析判断评估，现状中有哪些竞争优势，还有哪些待改善的问题？出现这些问题的真正原因是什么？可以采取哪些对策？见图1-7。

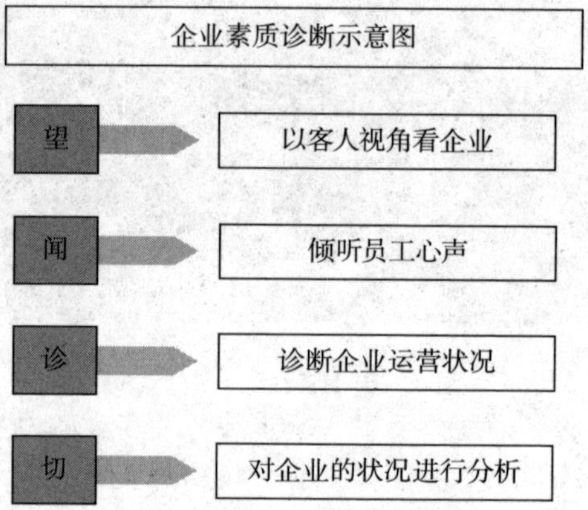

图1-7　企业素质诊断示意

企业诊断出问题之后，很多老板不明白，为什么以前没有发现这些问题？而很多企业通过实施6S精益管理之后，企业状况得到明显的改善，企业素质得到了大幅度提升。

为什么实施6S精益管理后企业的素质会得到大幅度提升？为什么实施6S管理能够让企业以前没发现或没改善的问题消失？

轻微缺陷：地、物明朗化使轻微缺陷的问题日益凸显出来，从而得到有效解决。

慢性不合格产品：随着6S项目的推进，员工的问题意识得到提升，原来那些所谓“没办法”的慢性不良、不合格产品，也会得到改善。

非能率：6S精益管理的导入，从消除没必要的物品开始，到消除没必要的动作一直到消除没必要的流程，从而达到消除浪费、提高效率的目的。

6S管理不仅能够促进员工素质的转变和提升，更重要的是为企业的发展带来了新的商机：工作现场整齐有序，员工素养全面提高，客户的信赖度大幅增加，企业的生产效能得以激发。

四、6S是关乎企业生死的大事

“千里之堤，溃于蚁穴。”现实中，很多大企业由于没有注重精益的安全生产，最终导致企业一夜之间倒闭。惨痛的教训让我们明白，6S精益管理就是杜绝那些看似微小的失误被无限扩大，最终酿成企业衰败的惨剧。在生产中看似微小的疏忽，却是关乎企业生存的大事。

6S是零缺陷的基础

2016年3月，国家食品药品监督管理总局（CFDA）公布了2016年第1期食品安全监督抽检信息，乐百氏旗下的桶装水产品出现在饮料不合格产品信息的抽检结果之列。

食药局公布的结果显示，不合格产品主要涉及乐百氏生产的三批次桶装水产品，即乐百氏饮用纯净水、乐百氏包装饮用水、饮用矿物质水。

三批次样品均被检出铜绿假单胞菌项目不合格。乐百氏产品近年来频频出现质量问题背后透露出的是内部管理的严重缺失，此前，由于内部管理混乱，乐百氏已经连续亏损，这一次曝光质量问题，对乐百氏来说，无疑是雪上加霜，面临着品牌消失的危机。

管理上的“失误”，导致关键产品质量出现问题，引发企业生存危机，这样的例子每年都会有，这是因为质量检查机制不够完善，员工的责任心不强，6S 活动推行得不够彻底。如果能按要求进行 6S 活动，那么完全可以避免事件的发生。因为在坚持6S 活动的工作现场，我们会发现这样的奇特效果（见图 1 –8）。

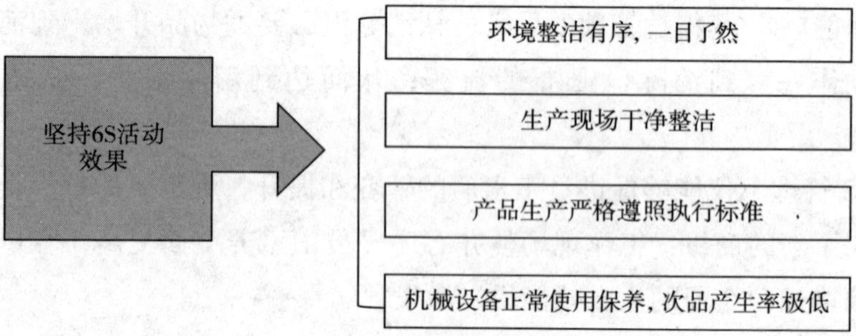

图 1 –8　坚持 6S 活动的效果

（1）环境整洁有序，一目了然；

（2）生产现场干净整洁；

（3）产品生产严格遵照执行标准；

（4）机械设备正常使用保养，次品产生率极低。

由于 6S 是秩序化、规范化的保证，完全可以避免违反操作规定的行为。所以说，6S 是企业成功的法宝，是产品质量零缺陷的基础。

6S 是节约成本的利器

浪费是企业的天敌。日本企业以浪费为耻，总是想尽一切办法去杜绝浪费。而中国企业虽然也懂得节约成本的道理，施行起来却往往流于形式。稻盛和夫曾说：“企业应对萧条时，应该把资金集中在研发和人才建设上，开展降低成本的工作，让企业员工时刻具有危机意识。”

节省的成本等同于为企业又增加了一笔可用的流动资金，这对于企业而言也有可能是一笔救命钱。“干毛巾也能拧出水”，不间断的成本控制是企业生死存亡的关键，值得每个老板反省与思考。让成本控制不再只是老板的事，让全员主动参与成本控制，而不是成本控制的对象。

随着市场竞争日趋激烈，各家企业的产品形象与质量日趋相同。在这种情况下，谁的成本越低，谁的产品竞争力就越强，谁就有生存下去的可能。而6S 可以有效帮助企业节约空间与消耗的成本，是企业发展壮大的最佳助手（见图1-9）。

（1）节约现场空间。

将不要物清理出生产现场，把必要物整齐放置，可以腾出现场工作空间，减少库房占用。

由于不要物不仅放在地上，还放在货架上、箱柜内，这样，还可以腾出货架、柜子、箱子等，节约这部分成本。

（2）降低物料成本和备件备品成本。

不要物品的清理和物品最低库存量管理能够改善物品在库存的周转率，降低物料库存成本。可以避免出现多余的文具、桌、椅等办公设备。

另外，在6S的清扫过程中，可以发现跑、冒、滴、漏等现象。通过控制这些污染源头，既改善了现场状态，又能节约水、油、气的消耗费用。

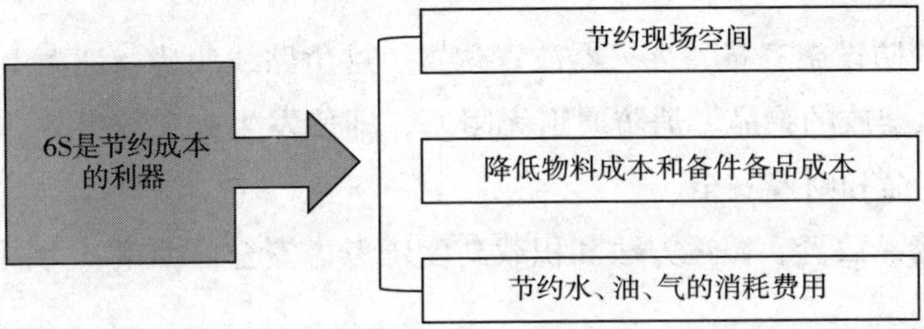

图1-9　整洁的车间

6S是安全的基本保障

2016年底，天猫憨厚皇后皮革旗舰店仓库公司突发大火，店铺中原有的400多种商品集体下架。当时，仓库中储存着价值超过6000万元的货物，一场大火付之一炬，此次火灾造成商家成本损失已超过1亿元。

而憨厚皇后天猫旗舰店于2011年开店，曾经是天猫皮草类目排名前三的商家，客单价在1800元以上，这家网店淡季时每天销量也在120~150件。从店铺的动态评分上看，憨厚皇后的三项指标均在4.85左右，都高出行业平均分35%以上。而如今，由于损失惨重，这家店却不得不关门。而事后证明，仓库失火完全是由于通风设备老化导致。

6S管理可以从以下几个方面保障企业的工作安全（见图1-10）。

（1）6S活动的长久坚持，可以培养工作人员认真负责的工作态度。员

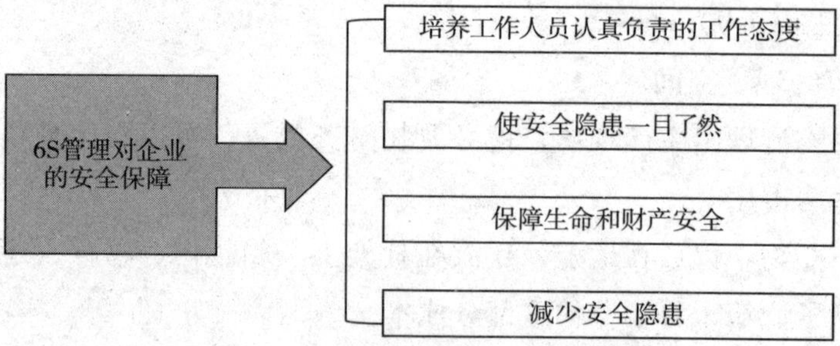

图1－10　6S管理的安全保障

工能够遵守作业标准，正确使用保护器具，不会违规作业，这样能减少安全事故的发生。

（2）工作场所宽敞、明亮，“危险!”“注意!”等警示明确，使安全隐患一目了然。

（3）消防设施齐备，灭火器放置位置、逃生路线明确，地面上不随意摆放不应该摆放的物品，消防通道无阻塞，即使发生火灾等事故，也可较好地保障生命和财产安全。

（4）物品放置、搬运方法和积载高度皆考虑安全性因素，力图减少安全隐患。

不重视所谓的“小节”，往往就会断送企业的“大事”。整洁的工作环境，严谨的监督程序，诸如此类小事，如果平时不予重视，不去从事，日积月累就会成为企业的顽疾，威胁企业的健康发展，而6S就像一把手术刀，能帮助企业精准地解决细微问题，让企业永葆活力（见图1－11）。

图1－11　工作安全图

五、“精益”是全球制造业发展大势所趋

“精益”是发达国家制造业管理的发展趋势，更是中国制造业需要面对的重要任务。顺应国际趋势，适应生存环境和发展条件，借鉴有益的国际管理经验，是中国制造业未来很长一段时间内的必然趋势。

生产模式的转化呼唤精益生产

有位先生给太太买了件风衣。风衣是定制的，顾客可以在风衣上写上自己或亲人的名字。这位先生把风衣拿回家里，给他太太看，说“这是定制的，上面有你的名字”。注意，个人定制这条，并没有引起他太太的多大注意，可是她伸手摸了摸风衣，然后说：“老公，这件风衣要几万元吧？”先生说：“风衣是国际大牌，价格你尽管去想象。”

这位先生又让他妈猜风衣的价格。他妈对服装的质感、面料都很讲究，她也认为这件风衣要几万元才能买得下来。

一件风衣，在国内也就几千元，为什么她们估价这么高？因为她们完全不知道这是什么品牌，只是单纯地用产品的品质来做衡量。从产品的质感来看，这件风衣完全不像是国内同等价位的普通风衣。最后这位先生告诉她们，这件风衣卖3880元钱，卖得非常火爆。

这体现了现代制造业生产模式的转化，已经从大规模生产转化为小规模的精益生产。

图1－12比较了大规模生产和精益生产组织所表现的不同。

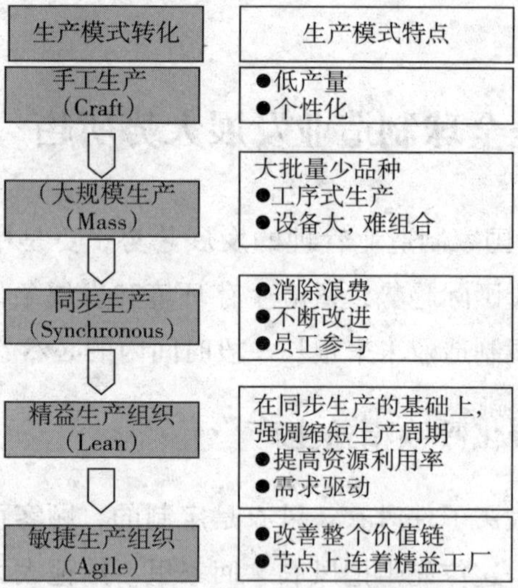

图1－12　大规模生产与精益生产的差异

大量生产（大规模生产）与多品种小批量生产体系（精益生产组织体系）的比较如表1－2所示。

表1－2　大规模生产与精益生产的比较

大量生产型	比较项目	多品种小批量生产型
尽量制造、创造批量提高运转率、降低成本	出发点	只生产能卖掉的产品，强化接单生产的快速反应
规模效益订单批量决定周转批量	追求	简易、低成本、自动化，间接费用现场化
细分工序提升效率按加工分车间	效率提升方式	流水化工艺设计，按产品类别设计工艺路线
细分管理业务提升效率实行职能部门分工管理		分拆辅助部门到现场管理现场化、取消独立办公室
独立设置开发和业务部门业务流程不能有效顺畅	职能部门	压缩开发周期，开发流程同步化、展开并行设计
生产计划与生产分开信息流与物流不能有效统一		提高现场规范管理、看板拉动物流全面6S管理、看板管理
按简单的作业标准生产人如同机器人一样劳动	员工管理	开展多能工培训，建立技能评估考核体系

精益生产还体现了以下几个特点：

（1）快速并准时交货；

（2）需求品种增加，特殊定制越来越普遍；

（3）不断改进质量及降低销售价格；

（4）产品的生命周期越来越短；

（5）无国界，业务遍布“地球村”。

精益之路从现在开始

对于中国制造业来说，从大规模生产、同步生产到精益生产，还要走很长的路。有许多问题要解决，如员工的思想观念、技能素质；有诸多事情要处理，如市场、产品、公司战略等等。

如何才能让企业走上精益管理之路呢？应该从何做起？先看大家熟知的精益企业之屋（见图1－13）。

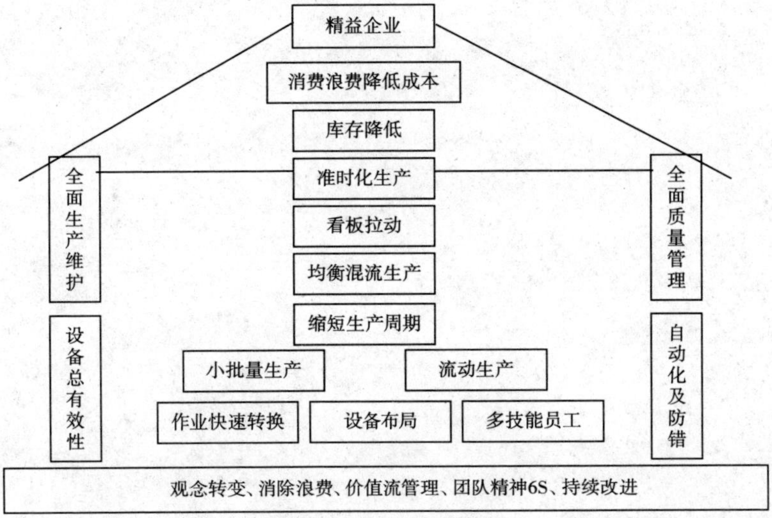

图1－13 精益企业之屋

从精益企业之屋可以看出：企业员工观念转变、消除浪费、进行价值流管理、塑造团队精神及6S、持续改进，这些都是企业走向精益的基础，或者说是精益企业之屋的地基部分，而地基部分从何打起？可以说6S又是地基中的地基。所以精益企业的第一步——从6S精益管理开始！

02

第二章

整理：

精装上阵，企业走得更远

整理是整个6S活动的第一步，开展的主要工作就是把不要物清理出现场，只留下必要物，后面的“5S”只对剩下的必要物进行管理。如果不先进行整理，那么工作现场将充满不要物，会给后面的工作带来阻碍。

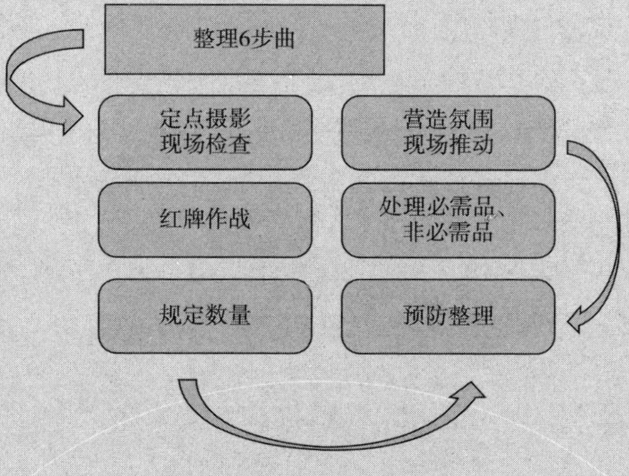

一、整理预备课：定点摄影与现场检查

看得见才能摸得着。实现整理之前，首先要发现问题。因此，定点摄影和现场检查就变得尤为重要。应该强调的是，定点摄像与现场检查，并不是对员工进行监控，而是对问题本身的控制措施。

定点摄影

某卷烟厂通过定点摄影，将每个部门脏、乱、差的地方找出来，并对其进行及时整理。定点摄影记录下了整理后的“样板区”整洁如新的样子，并在企业内部进行传播推广，使员工对工作区域的整洁有了充分的认识。为了推行6S管理，该厂还采用定点摄影方法来对比实施6S管理前后的变化，厂领导亲临一线指导6S管理，物品摆放井然有序，事事有人负责，员工能够以高度的热情投入生产中。

定点摄影录影就是对6S推行前后或推行阶段的状况进行拍照（摄像）定格，通过公司的宣传媒体，让所有员工知道改善的进度及改善成果；通过6S推行前后现场照片的对比，能够形象地让员工明白6S的重要性。

进行定点摄影的要点（见图2－1）。

（1）相同的拍摄录像。要采用相同的相机，相同的位置、方向、高度，对准拍摄对象。

定点的选择，以车间为例，至少要选择以下四点：

全景点——车间入口或者某高点能够拍到整个车间；

半景点——车间入口或车间的中间位置；

车间按工序或班组（工段）选择拍摄点；

特写点——脏乱差特别突出的地方或准备改善的地方。

(2) 标注摄影日期。

(3) 利用看板公告：为今天的现状定格。

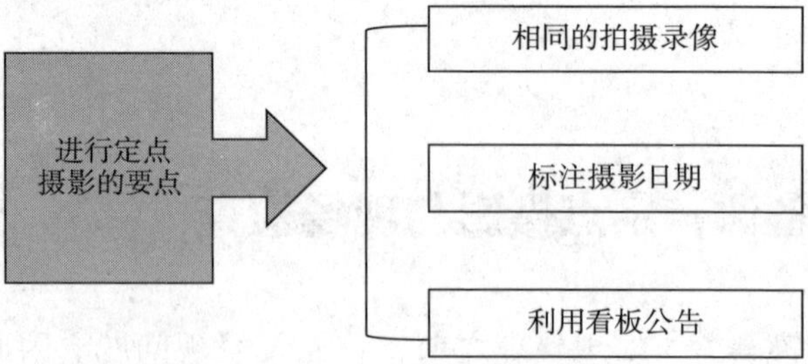

图2-1 定点摄影要点

在定点摄影的运用中，管理层可以要求将每个部门的代表性照片张贴出来，并在照片上详细标明以下信息：部门主管的名字、现场责任人的名字、违反了6S管理的哪些规定（见图2-2）。这样就能将问题揭露得清清楚楚，也使存在问题的部门有了相当大的整改压力。改善前的现场照片促使各部门为了本部门的形象与利益而采取解决措施，而改善后的现场照片能让各部门的员工获得成就感与满足感，从而产生进一步改善的动力。

图2-2 定点摄影展示

现场检查

仅仅靠摄影录像，难免会有所疏漏，所以需要必要的现场检查。现场检查主要针对表面和角落，并填写现场检查登记表（见表2-1）。

表面：下班后无人的车间，是否有多余的物品？原料、工具等是否摆放整齐？是否为明天的工作做了相应的准备？当然，这种现场检查方法，对只有白班的企业有效，对三班倒的企业则没有什么效果。

角落：角落里是否有老鼠、蟑螂？角落里是否有灰尘、毛发等杂物？6S 不能只看表面，这些角落也是 6S 的重要工作内容。

表 2－1　现场检查登记表

日期	地点	检查人	发现问题	责任人	解决情况

这种现场检查，除了在整理阶段可以用，在 6S 的其他阶段也可以用，以检验 6S 各个阶段的实践效果。除了日常的检查，还应定期进行企业内部的 6S 评比性检查，检查周期定位每周一次。6S 检查的结果是评比的基础。对表现优秀的部门和责任人，应当给予适当的奖励，对表现差或不能达标的部门和个人给予一定的惩罚，使他们产生改进的动力和压力。涉及奖惩，检查评比就要尽量做到公正客观，如果企业较大，车间之间 6S 难易差异较大，那么在评比时就要考虑进行总分数配比调整或得分系数调整。

视频 3　为什么需要进行检查评比？

扫码看视频，让作者告诉你企业进行检查评比的重要性。

二、营造氛围：6S 宣传及现场推动

推行初期，硬件设施需要跟上，推广和宣传工作也必不可少。要让员工自发地进行 6S 活动改善，就要在推行初期进行自上而下的宣传和推动，

深化全员认识（见图2－3）。

怎样营造活动氛围

某企业在大门口悬挂了一条推行6S的横幅，这样很容易把氛围给营造出来（见图2－4）。除此之外，这家企业还利用公司简报的方式来进行氛围营造（见图2－5、图2－6）。

在推行“6S”的过程中，这家企业每月一期简报，第一个月先介绍“6S”的基础，然后做对照，发现问题。

在推行6S管理的头一个月，企业还通过领导讲话、干部表决心，提出“6S”的一些基础要求，让全体员工都重视起来。

第二个月，公司简报主要介绍相关活动推进的状况，之后每月一期，发到班组层面，组织班组学习，张贴到管理看板，电子文档则放到局域网上及公司网站上，放到OA上面。这时推动作用就显现出来了，员工也开始自觉对照6S的标准行动了。

四个月以后，公司改善工作卓有成效，但很多部门主管还是重视不够，于是简报就新成立了一个专栏，叫作《经理谈“6S”》。每个经理每个月每次检查拍照片，三个月对比经理的状况，而且每一期采访一个经理，让他谈谈“6S”活动的重要性。这样，那些以前不重视6S的中层干部也开始重视起来。

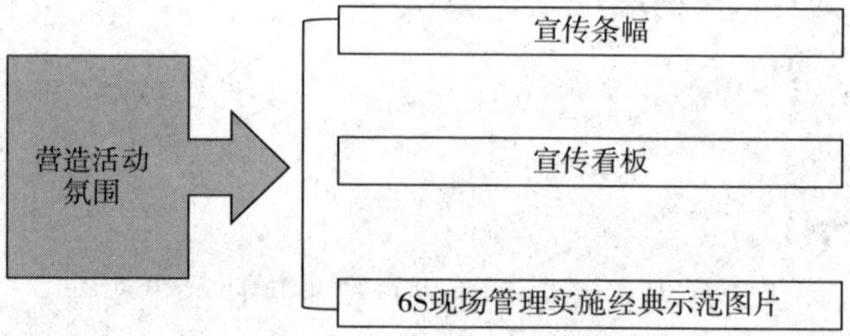

图2－3　营造活动氛围

图2－4 6S 宣传条幅

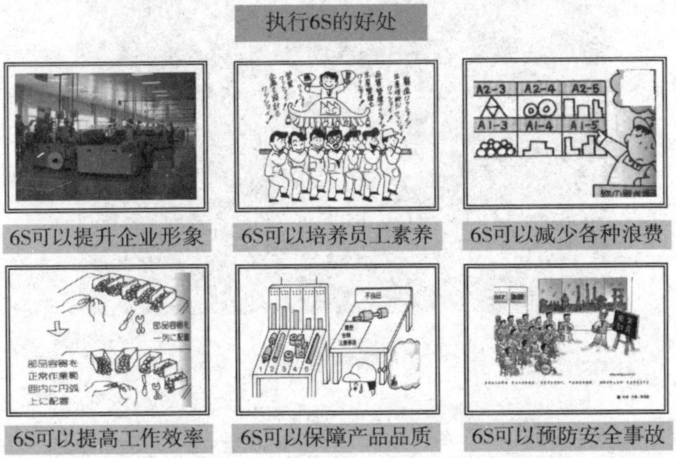

图2－5 6S 宣传看板

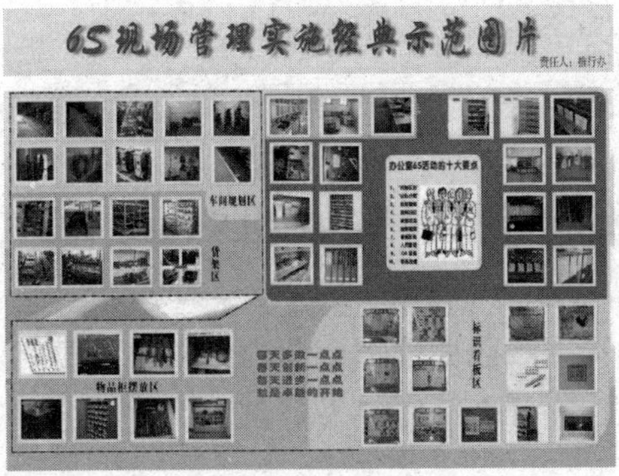

图2－6 6S 现场管理实施经典示范图片

现场推广，让整理活动深入人心

某卷烟厂在推动6S过程中，领导亲力亲为。一开始，烟丝制作车间的老员工对于这种新变化不够重视，面对杂乱的环境，他们早已习惯。一天上午，公司领导专门来到车间资历最老的刘师傅的工具柜前，在征得刘师傅的同意后，两位领导把西装一脱，就一同动手整理起刘师傅的工具柜来。这一举动让维修室的其他师傅们很诧异，全围上来观看（见图2－7）。

图2－7　领导带队推广6S

公司领导一边干活，一边向大家解释按这些步骤来整理工具柜的原因。聚集在旁边围观的师傅们纷纷打开自己的柜子照样整理起来。

为了确保整理活动的开展，由公司领导带队，按部门或空间逐一排查，把整理工作作为阶段的专项工作来开展。

三、红牌作战：整理阶段的核心工具

红牌作战，是指用红色标牌将企业内亟须整理的地方或尚需改善的问题标贴显示出来，让改善者、监督人等都明白并积极去改善，从而达成整理、整顿的目的。

作战目的：彰显问题并及时解决问题

在实施红牌作战的过程中，经常会出现这样的问题：本来应该贴红牌的地方却贴不上去，询问现场主管，现场主管的解释是："我们已经做过很多次检查，好像没有任何完全不必要的东西。"当监督人员逐一询问时，他们会推说，"这个月虽然用不上，但是下个月可能用得上！""这是季节性物料，以后一定会使用！"结果还是被贴上了一张张红牌。

事实上，红牌作战的实质，就是不能有丝毫的迟疑。如果有模棱两可的答案，大家一定会找逃避的借口，现场的整理工作就难以实施。

挂红牌的物品一般都需要处理，只有处理之后，才会将红牌摘下。红牌对现场工作的人员有一定压力，因为有红牌就说明工作没有没有做完或没有做到位。

同样，对管理人员来说，红牌一方面可以减少检查时间——只需要检查红牌即可，另一方面还可以在发现红牌时，及时督促现场的工作人员尽快解决问题，减少影响工作的不利因素。

进行红牌作战前的注意事项：

（1）先培训：全员了解红牌作战的对象和基准；

（2）心态调整：被挂红牌是为了把工作做得更好，要以正确的态度对待，既不要置之不理，也不要视为奇耻大辱；

（3）挂红牌标准：挂红牌的理由要充分，事实要确凿。让部门以外的人客观判断，觉得应该挂的才挂红牌；

（4）确定时间。时间要集中——一般一个月即可。时间跨度太长，会让大家厌烦。

红牌作战的5个步骤

第一，红牌作战方案制定及红牌制作。

红牌作战的方案通常由6S推行部门制定，主要应该包括：红牌制作、检查标准、参与人员、挂牌时间以及实施过程中的一些注意事项（见表2－2）。通常以3人一组，若干组分区检查，一人负责挂牌，一人负责拍照，一人负责记录。

表2－2　小组“作战区域”平面展示

小组“作战区域”平面图	小组“作战区域”名称
	作战区域检查内容
	小组成员

红牌参考一（见表2－3）：

表2－3　××公司6S红牌

日期	
区域	
物品	
数量	
判断	不需要，不急用，产品废料、安全隐患物品等
去向	
责任人	
签发人	

红牌参考二（见表2－4）：

表2－4　红牌作战

编号：

区分	设备、辅具、计量器具材料、部件、辅助材料、半成品、成品、事务用品、其他
品名	
数量	
原因	生产计划估计错误、老化、订单取消、使用问题、设计变更、失去用途、加工问题、其他
判定者	
处理方法	
部门	

第二，现场检查，张贴红牌。

在现场检查过程中，确定挂红牌的物品和对象，将红牌张贴或悬挂在最明显的位置。是否对某物品或对象挂红牌，可由三人小组协商决定，并统计红牌粘贴编号、位置、内容、改善人、责任人（见表2－5）。

表2－5　现场红牌粘贴统计

红牌编号	红牌位置	红牌内容	改善时间	责任人

如何确定挂红牌的对象？

（1）挂红牌对象（见表2－6）。

表2－6　挂红牌对象一览

挂红牌对象	内容
在库	原材料、零部件、半成品、成品
设备	机械设备、工具工装、模板、桌椅、防护用品
储运	货架、流水线、电梯、车辆、卡板等

（2）挂红牌的基准（以生产用品不要物的基准举例）。

①普通的A工厂：按照生产计划，一个月内使用的且是必要的物品之外挂红牌（见图2－8）。

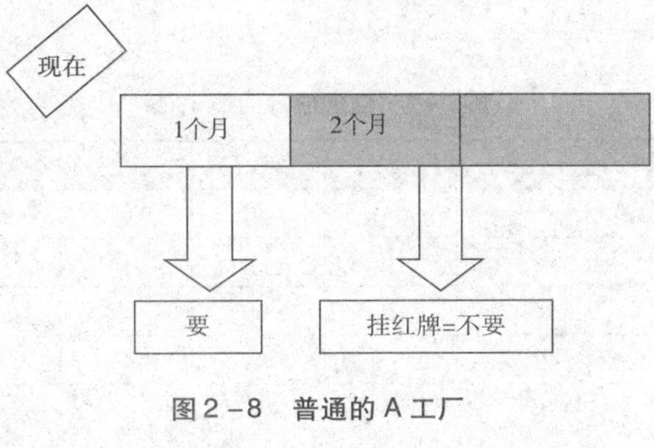

图2－8　普通的A工厂

②严格的B工厂：按照生产计划，一周内使用的且是必要的物品之外挂红牌（见图2-9）。

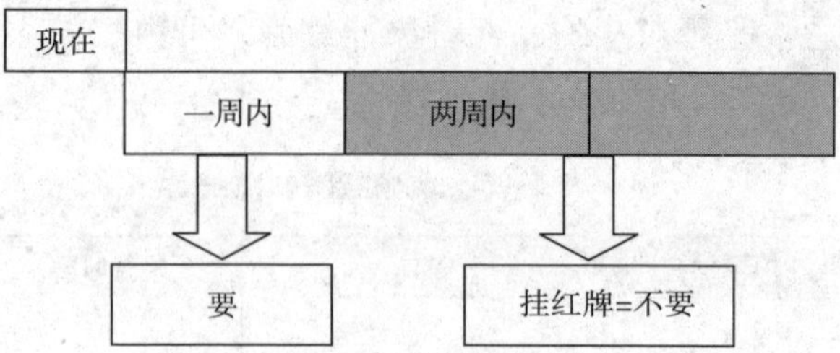

图2-9 严格的B工厂

③大批量生产的C工厂：生产任务完成一个月后也没有用到的物品挂红牌（见图2-10）。

图2-10 批量生产的C工厂

第三，红牌的对策与评价。

对所挂红牌进行记录并跟进改善进度。

对红牌的实施效果进行评价，可将改善前后对比拍摄下来，作为经验和成果向大家展示。

为了对红牌很好地管理和使用，发放红牌的同时要填写红牌发放回收记录表（见表2-7）。

表2-7 红牌放行回收记录

No.	内容	发行日	写成日	回收日	发行人	责任人	确认

续表

No.	内容	发行日	写成日	回收日	发行人	责任人	确认

第四，被挂红牌物品的处理流程（见图2－11）。

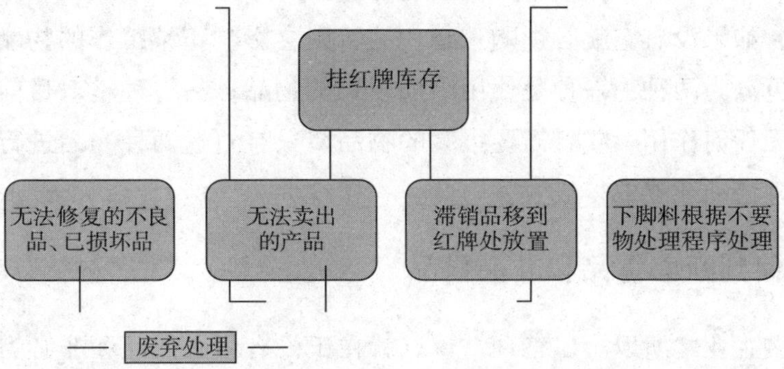

图2－11 挂红牌物品的处理流程

第五，填写红牌作战前后对比情况表，查验活动效果（见表2－8）。

表2－8 挂红牌物品的处理流程

整理区域：	整理时间：年 月 日至 年 月 日
整理内容：	整理责任人：
整理前	整理后
问题点	整理内容
整理效果：	
确认	签字

红牌作战最忌讳有始无终，缺少足够的宣传、细致的检查和有效的推进

工具，如此，红牌作战最终肯定会流于形式。通过持续的宣传、检查的日常化和有效工具的运用，就可以让红牌作战在企业形成一种习惯和文化。

四、取舍得当：如何正确处理必需品与非必需品

为了确保6S管理工作的持续开展，促使各阶段能按要求整理到位，就必须对物品按照必需品和非必需品进行归类和区分。必需品是指经常使用的物品，如果没有它就必须购入替代品否则会影响正常工作的物品。非必需品则可分为两种：一种是使用周期较长的物品；另一种是对目前的生产或工作无任何作用，或者需要报废的物品。只有对这两种物品进行分类处理，整理活动才能取得成效。

如何判断必需品和非必需品

很多企业之所以难以整理，重点就在于没有将必需品和非必需品做明确的分类管理，而是统统放在一起，杂乱无章，经常用到的东西平时都要花很大的力气去找，结果发现埋在很多无用物的下面，影响了工作效率不说，匆匆忙忙翻找还会让工作现场更加混乱。

判断必需品和非必需品，是实行分类管理和处理的基础。在实际工作中，很多物品很难界定是必需品还是非必需品，对此需要做出一定的甄别，这也是令管理者很头疼的一件事。那么，如何快速有效判断必需品和非必需品呢？

（1）使用频率。判断必需品和非必需品，不是根据物品好坏，而是根据使用频率来决定的。闲置超过一个月的物品，都是非必需品，必须清理出车间；使用频率在一个星期之内的为必需品，可以放在生产现场；对于使用频率在一个星期到一个月之间的，可根据具体情况决定。同时还需注意，有些情况是根据企业自身规定进行判断的，例如，有些企业规定，原料不准在车间过夜，那么，就意味着原材料的使用频率判定规则为一天。

（2）有用但多余，属非必需品或不要物。

（3）有用但不急用，根据频率判定原则，属非必需品或不要物。

（4）客观不需要而主观想要的物品，属不要物。很多现场管理者在保存物品方面总是采取一种保守的态度，也就是“以防万一”的心态，认为有些物品几个月或者几年后可能会用到，舍不得处理，结果导致无用品过多堆积，把工作场所的某些位置变成了“废品站”。

除了以上4个角度的判断方法之外，还可以使用抽屉法应用在整理阶段。

抽屉法步骤如下（见图2－12）：

第一步：根据每天、每周、每月的工作任务，列出物品清单

↓

第二步：对工作现场物品进行简单归整

↓

第三步：根据物品清单，挑选出工作所需的物品

↓

第四步：对不在物品清单之列的物品，进行处理——舍弃或另放他处保存

图2－12 抽屉法

同时，我们还可以从使用频度来进行必要物与非必要物的区分与处理（见表2－9）：

表2－9 必要物与非必要物的区分与处理

类别	使用频度		处理方法	备注
必要物	每小时		放工作台上或随身携带	
	每天		现场存放（工作台附近）	
	每周		现场存放	
非必要物	每月		仓库存储	
	三个月		仓库存储	定期检查
	半年		仓库存储	定期检查
	一年		仓库存储（封存）	定期检查
	二年		仓库存储（封存）	定期检查
	未定	有用	定期检查	定期检查
		不需要用	变卖/废弃	定期清理
	不能用		废弃/变卖	立刻废弃

如何处理非必需品

判断必需品与非必需品后，就需要进行清理：对必需品进行登记，对非必需品另存，对不要物进行清除。这里重点强调一下非必需品的处理原则：

（1）对于发现的低值的、可以立刻判断为不能用的非必需品，应及时放置到附近的一般废弃物桶中。

（2）对于发现的具有较高价值或无法判断是否能用的非必需品，应填写“非必需品处理单”中的“非必需品名称”“数量”“存放区域”等内容，交5S管理者代表（见表2-10）。

（3）管理者代表根据“非必需品处理单”，对发现的具有较高价值或无法判断是否能用的非必需品，指定某一部门或与有关部门共同负责判定。

（4）对于判定为需要仓库存储的非必需品，责任部门应尽快使非必需品转入仓库存储状态。

（5）对于判定为无用或不能用的但属于公司固定资产的非必需品，按照公司“固定资产管理制度”的要求进行处理。

（6）对于判定为无用或不能用的不属于公司固定资产的非必需品，由SHE协调员和后勤部负责变卖或废弃处理。

表2-10　非必需品处理单

单位：　　　　　年　　月　　日

序号	物品名称	数量	不使用的原因	责任部门处理意见	主管领导处理意见	备注

五、深化整理：规定数量的整理

要细致地开展整理活动，除了将必需品和非必需品进行整理，还需要在数量上进行控制。固定数量的整理包括备用品、消耗品库存数量以及工作场所消耗品的最大允许数量、安全放置数量等。

整理深化——数量的整理

数量的整理深化，要注意以下几点（见图2－13、图2－14）：

（1）看板：清楚、明了；

（2）库存——红色标识；

（3）逐步减少最大库存；

（4）能以很少的库存开展常规性的正常生产，相当于锻炼出强壮的身体，有很好的体能。

图2－13　物料管理看板

图2－14 库存数量一目了然

巡视队巡检

巡视队巡检的目的在于对整理工作进行考核，巡视队在工厂内外巡检，巡视队由各车间的代表组成；每月一次，自行决定巡检日期；开始时每周一次，大家习惯后每月一次；巡检工厂的所有部门；巡检时给各部门打分并公布（见表2－11）。

表2－11 6S评分记录

检查日期	项目	生产Ⅰ课煮漂	生产Ⅰ课烘燥	生产Ⅱ课缓冲间及通道	生产Ⅱ课缝纫区	生产Ⅱ课手折区	生产Ⅱ课机折区
2011－07－22	检查得分	79.4	无	77.2	72.5	76.5	75.5
	最终得分	87.34	无	84.92	79.75	84.15	83.05
2011－07－29	检查得分	72.9	77.7	79.8	82.6	70.1	
	最终得分	80.19	85.47	87.78	90.86	77.11	
2011－09－05	检查得分	76.8	82.2	79.5	80	74.2	
	最终得分	84.48	90.42	87.45	88.00	81.62	
2011－09－12	检查得分	78.6	76.2	74.9	75.7	74.6	74.5
	最终得分	86.46	83.82	82.39	83.27	82.06	81.95
2011－09－19	检查得分	74.3	74.8	72.7	74.5	74.4	79.8
	最终得分	81.73	82.28	79.97	81.95	81.84	87.78

续表

检查日期	项目	生产Ⅰ课煮漂	生产Ⅰ课烘燥	生产Ⅱ课缓冲间及通道	生产Ⅱ课缝纫区	生产Ⅱ课手折区	生产Ⅱ课机折区
2011－09－26	检查得分	77.4	79.7	72.9	76.5	76.0	78.6
	最终得分	85.14	87.67	80.19	84.15	83.60	86.46
各区域平均分	84.22	84.59	83.89	84.06	85.18	83.00	
后五次检查平均得分	84.19	84.40	82.76	84.35	84.25	83.94	
最终得分＝检查得分×各区域考核系数							

注：

1. 计算分数的方法为（7月29日各区域最终分数×0.1＋8月5日各区域最终分数×0.15＋8月12日各区域最终分数×0.25）＋（8月19日各区域最终分数×0.2＋8月26日各区域最终分数×0.3）。

2. 7月22日的分数为参考分。

3. 6S评分是按区域划分，没有按课室进行操作，具体评分名次为：烘燥（生产Ⅰ课）＞缝纫区（生产Ⅱ课）＞手折区（生产Ⅱ课）＞煮漂（生产Ⅰ课）＞机折区（生产Ⅱ课）＞缓冲间及通道（生产Ⅱ课）。

避免不必要的数量——挂红牌

（1）采购数量的规定：根据一定时间段内的常规使用量对采购量进行最大和最小量的确定标准，如一个月内采购量最大为多少，对于一个月内闲置的数量挂红牌。

每月一次的采购量；增加采购次数；最大量、最小量一目了然；超过最大量的当场确认。

哪一个超过了最大量？

（2）外包（外协）品的数量。外包是工程的一部分，随着企业经营环境的变化，灵活而有原则地指导和协调很有必要。应尽量减少外包业务，以便更准确地查找问题所在。

外包品的最大量一目了然；如果有异常进货，能够一眼就看出来；定期地减少最大量；外包工厂的正规化，找出替代品或进行指导。

（3）规定在制品的量。工序与工序之间放置工件（或半成品）的场所称为在制品放置区。在制品的数量大小有规定吗？向前一个工序发出信息了吗？

最大量是否一目了然？定期减少数量；应有的态度是：向前一个工序发出相关信息（所需的品种、数量、时间等）；实施前一工序的改善、改革。

（4）在制品的周转频率（时间）规定：各工序的作业者，有必要减少每个批次的数量。

要点：在制品的数量；努力做到减半；最大量清楚显示；一定是先进先出（见图2－15）。

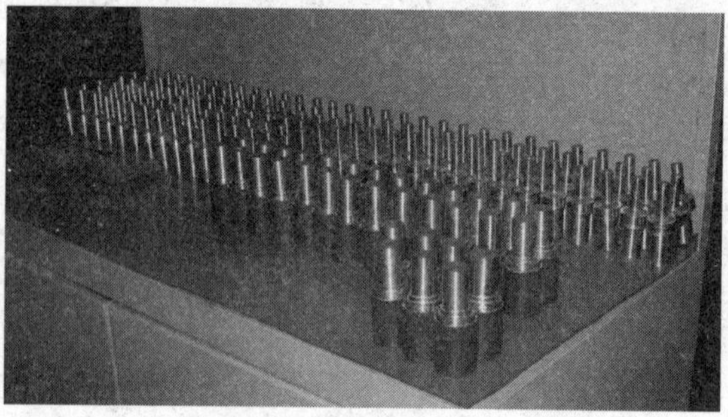

图2－15　数量控制

（5）机械和设备周围必须有两个放置场所。一个是放加工前材料的地方，另一个是放加工后材料的地方。加工前后也要做到“五定”（见图2－16）：

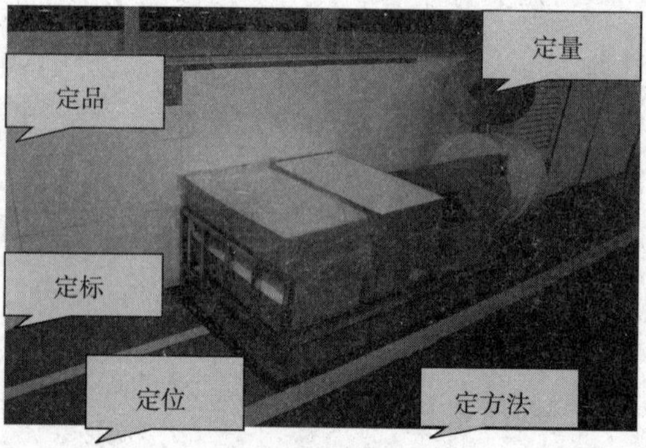

图2－16　设备周围物品放置“五定”原则

整理的最高境界——组织化

整理的解释有两个：

其一，对于杂乱状态的物品使它变得一目了然，能够马上利用起来，使物品的流动如行云流水般流畅。

其二，省去不必要的要素，重新进行整合，建立起新秩序以谋求工作效率的提升。

从作业机能的角度考虑，为使工作能充分发挥应有的机能，要考虑应具有哪些必备的物品及应有的流程组织化。

整理的真意：使物品流动顺畅，工作效率提升（见图2－17）。

图2－17　整理的真意

让整理活动成为一种习惯

（1）对工作场所（范围）进行全面检查清理，包括看到的和看不到的。

（2）制定“需要”和“不需要”的判别标准。

（3）清除不需要的物品。

（4）调查需要物品的使用频度，并确定其日常用量。

(5) 制定废弃物的处理方法。

(6) 每日自我检查。

(7) 整理活动流程图（见图2－18）。

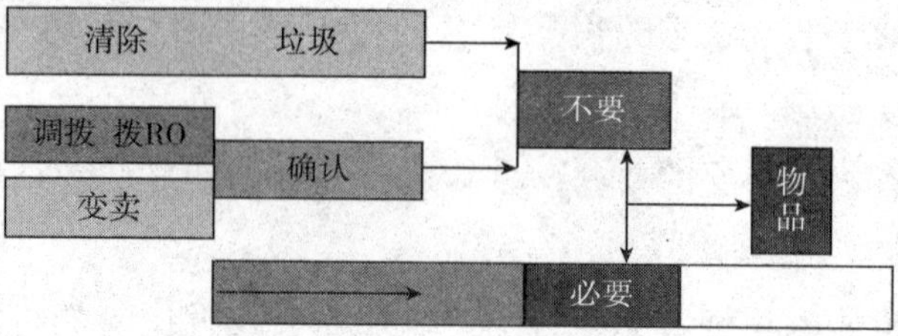

图2－18 整理活动流程

六、未雨绸缪：预防整理

前面我们所涉及的，都是事中和事后整理，在这一活动过程中时间、管理成本都消耗巨大，因此，防微杜渐，做好预防整理，让员工形成整理清洁的习惯，至关重要。

在工作中，员工常常把时间和精力放在无用物和多余的工作上，没有静下心思考哪些工作是多余的，哪些是必需的，所以有些不必要的工作在“理所当然”的保护下被完整地保持下去，无形中造成了很多浪费和低效。

对不满足产生的过激反应——对过激的对策

需要的东西没有到，或未按时交货，数量或性能未达标，在这类情况下，谁都会强烈要求对方解决，甚至要求索赔。另一方面，在东西早到或多给的情况下，只要不给我们带来不便，大家基本都能接受，而且往往会抱着贪小便宜的心理不去提醒对方。很少有人会将不该属于自己的东西退回。

不只是对外，公司内或组织内同样如此。如果你没有把必要的数据或报告整理好且未及时联络相关人员，你一定会受到批评。就一般情况而言，对于不足，我们会马上进行改正，但对不必要和多余的，我们却改变不了。因此，在工作中充斥着不必要的多余工作、多余品质、多余点检、多余防卫等。它们被永久实施并永久保存。甚至有的从事多余工作的人还会因为其表面呈现的敬业状态而受到表扬，如不必要的因为拖延而造成的长时间的加班。被表扬的人则会更加努力地做这种无用功。导致我们的集体中，有很多人在拼命从事“怎样干都行，不干也可以，不干到那种程度也可以”的工作。

特别是在办公室，不必要和多余的工作及物品很不容易消除（见图2－19）。因为每个人每天每时每刻具体在如何做，用什么方式做，做的效果如何，大家并不能很清楚地了解。而如果车间一旦制造出次品、冗余产品，大家马上就知道了。作为情报信息加工场所的办公室，情报只写在纸上或存在电脑上，不是亲身参与到工作中的其他人，不知道哪些需要，哪些根本不需要。

我们能看到大家在办公室里办公，也能看到大家在使用电脑，都在各自的岗位上从事着工作。但其中有没有做也可以、不做也可以的内容呢？人都有自卫心理和虚荣心，如果在非必要的情况下，有人善意地指出其工作上的不足，如不必做某个表格，不必用那种方法写报告等，别人哪怕只是说出了一小点，由于包含批评的意味，也必然会受到反驳、辩解。即使当事人也知道别人说得对，但为了自尊也不愿接受，宁愿多花时间去做无用功，也不想承受别人认为他工作方法和能力有欠缺所带来的不愉快。

不必要的工作，只有干这个工作的当事人认识到自己的错误才能改正。不从自身找原因，就不可能完全消除这种不必要的工作。

图2－19　办公室多余的物品

由事后整理转换为预防整理

要做到预防整理，整理的习惯化是基础。如果出现不要物，要能够立即提出“为什么出现?”这样的疑问。

通过循序渐进、长期“滴水穿石”地提醒和改善，逐渐让大家意识到某个环节、某个工作是多余的，大家很自然就会去想其他地方是否还有类似这样不必要的工作，会重新检讨自己的工作方法，逐渐清楚哪些工作是不必要的。

小的改进也会产生大的威力。持续进行不必要工作的公司，和不必要工作逐渐减少的公司相比较，在生产和劳动效率上会产生巨大差异。

虽然出现不要物马上整理是好的习惯，但是，从根源上不出现不要物才是最好的整理。

我们运用5W1H询问法，来预防不要物的反复出现，见图2-20。

WHY1：为什么出现了不要物?
前一工序转过来的。
↓
WHY2：为什么前一工序会转过来?
前一工序产生的。
↓
WHY3：为什么前一工序产生了不要物?
管理者和上级指示的要求。
↓
WHY4：为什么管理者和上级指示要求?
没有及时跟上计划变更。
↓
WHY5：为什么没有及时跟上计划变更?
生产周期太长。
↓
生产改善

图2-20　5W1H询问法

整理不是一劳永逸的工作，工作现场每天都在变化，因此每天的生产会遇到不同的材料、备件或工具等，每天要生产的产品也在不断发生变化。所以只有未雨绸缪，做好预防整理，才能创造并维持一个好的现场环境。

七、有错必改：常见问题与解决对策

上面我们详细了解了6S管理中的整理活动是如何实施的，在实际操作中，对于公司环境方面的常见问题，我们都可以通过整理活动找到相应的解决对策。

物品要与不要难以区分怎么办？

可以用抽屉法进行整理，如果不是现场工作所需之物，则可以清理掉或另寻他处保存。

现场人员对一些不要物有所保留怎么办？

询问现场人员对不要物进行保留的想法，由物品的使用周期和频率做出留与不留的决定。可进行红牌作战，可以发现一些问题。

基层人员对改善问题不敏感或不能全力配合怎么办？

可考虑红牌作战，在车间设立红牌区，这样一些不要物品就被隔离开来，工作人员的惯性就会被打破，可以让员工认识到一些物品可有可无，就会积极配合进行物品整理工作。

整理工作效果不错，但是无法长期维持怎么办？

6S活动中这种情况很常见，主要是对整理活动不够重视，应该制度化、固定化，每天坚持下班后进行必要的物品整理，尽量保证物料、成品等不在现场过夜，减少现场物品库存及摆放凌乱的情况。

遇到把有用的东西当废品卖掉怎么办？

这类物品被当作废品卖掉，多是由于事前制定的标准有问题，或者未界定这类物品的处理标准。可设立暂存区，这样就可以对一些难以界定的物品进行暂存，然后在会议上提出整理方案，避免给公司造成无端的浪费。

有些物品交公司库房后，无法再次领取怎么办?

可建议公司就一些物品进行归类借用、限时归还，这样既可以保证库房的整理工作，又不会耽误车间的物品使用。

视频4　如何开展整理活动?

扫码看视频，企业如何开展整理活动，听听作者怎么说。

03

第三章

整顿：

规整必需品，有秩更有序

整顿是将经整理留下的必需品进行科学合理的布局及定位、定量摆放，让使用者在工作中能够用最快的速度取得，以达到在最简捷、有效的规章制度和流程下完成工作的目的。

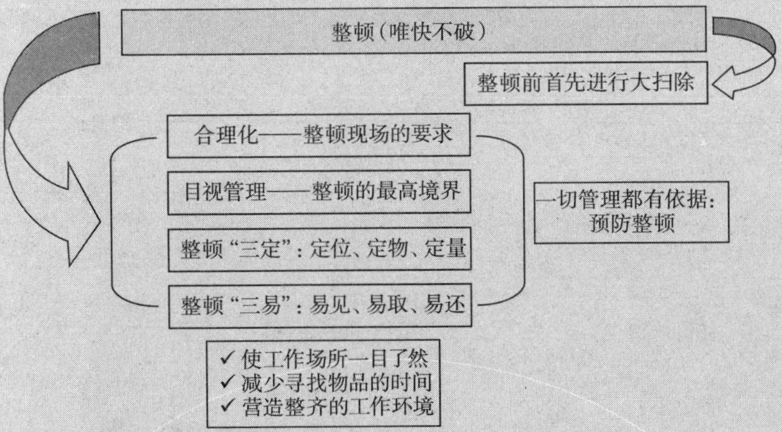

一、物有所聚：科学归类有用物品

“物以类聚，人以群分”。将工作必需品保留之后，更应该科学规整地规范，否则，整理活动将毫无意义。整顿的目的就在于节省时间，提高效率。

什么是整顿

某员工早早地来到了公司，本想打扫一下周边的环境，擦擦办公桌，但找了半天也没找到擦桌布。原来，昨天由于着急下班，他忙中出错把擦桌布扔到了垃圾桶里。

无奈之下，他只能写工作日志，开始找工作日志本，但又发现，笔忘在了会议室。

这名员工的办公桌面看起来很整齐，资料、电话、电脑、水杯、计算器等摆放得很简单，但是，为什么找东西会这么慢呢？我们看看这位员工找东西找了几次，找擦桌布、找笔，前后花了 5 分钟，这些物品还是每天都在用的，如果是找上个月的一份业绩报告呢？找上个月的一份会议记录呢？在他的办公桌上，堆着 20 厘米左右厚的资料，工作急需时找一份资料难道都要将这些资料翻一遍？

从这个场景中，你是否意识到了整顿的重要性？

很多企业都很疑惑，整理和整顿到底有什么区别（见图 3－1）？

从图 3－1 中我们看到整顿的要点和目的，可以总结出整顿的关键，这对我们开展整顿活动大有裨益。

整顿的关键在于，每件物品都有一个放置的地方，每件物品都放在它应该放置的地方，即物品 100% 定位。

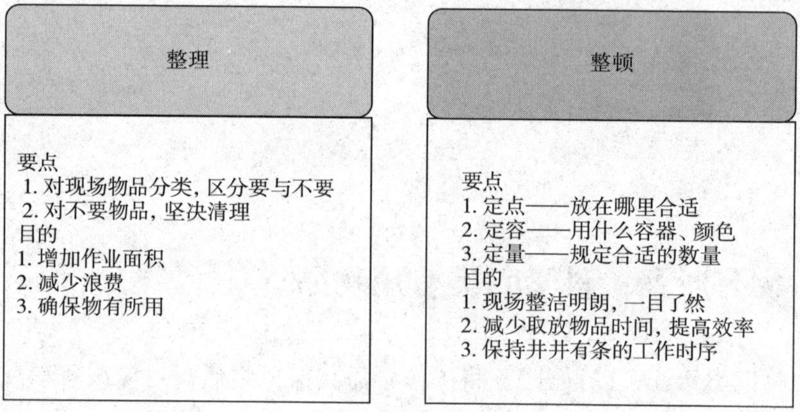

图3－1　整理与整顿对比示意

给企业“洗洗澡”

人需要洗澡，企业也需要“洗澡”。而对企业来说，勤“洗澡”，不仅可以减少时间浪费，改善工作环境，还可以提升效率，这就是整顿的意义所在。

而整顿，就是物品放置方法的标准化。先将抹布清洗干净，舍弃不要物；所看到的污垢全部扫除；发动全员进行彻底“洗澡”。企业大扫除计划，要注意以下几点：

（1）做好扫除计划；

（2）进行安全教育：对扫除过程中可能发生的伤害（触电、挂伤碰伤、洗涤剂腐蚀、灰尘入眼、坠落砸伤等）进行警示和预防；

（3）做好大扫除准备：

所用工器具、洗涤用品的准备；

人员和时间的安排；

列出扫除标准，如漆见本色，铁见光；然后进行检查评比。

整顿之所以如此不可或缺，是因为在整理活动后，企业依然需要维持规范有序、一目了然的现场，这除了有利于提高工作效率，还能提升员工的士气，提高产品质量，保障生产安全。

二、合理化：现场整顿的要求

工作现场设施的合理化，决定了工作程序是否有条不紊，有章可循。合理的布局，可以使工作更加流畅，避免交叉重复工作现象的发生。合理的现场布局，不仅是做好6S的根源，也是企业提高效率的根本。

丰田公司是较早注重设备布置的企业，他们采用了“U”型生产单元，即按零件的加工工艺要求，把功能不同的机器设备集中布置在一起组成一个个小的加工单元（见图3－2）。

这种设备布置方式可以简化物流路线，加快物流速度，减少工序之间不必要的在制品储量，减少运输成本。

U型单元中，由于作业员是属于可以操作很多不同工作站的多技能作业员，所以不但能缩减人员成本，也可以使生产线变得更有弹性；同时因为作业员之间的距离较近，若系统中有问题发生，作业员可以很快地做出反应并相互配合解决问题，进而减少损失。

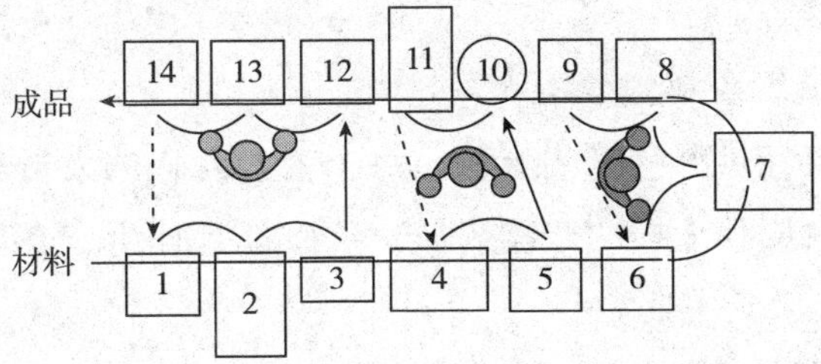

图3－2 U型生产线示意

要实现生产现场主要设施配置的布局合理化，需要按以下步骤实施：

生产规模设定

不同的生产规模对应于不同数量的生产设施的配置，而不同数量的生产设施的配置又对应于不同的区域占用。一旦生产规模发生变化，生产现场的布局也必须随之调整。如果在建厂初期不能考虑到未来发展规模的需要，必然会导致在发展过程中生产布局经常调整。或者新增设备见缝插针，或者设备摆放极不合理等现象。不过，为未来发展预留空间的布局方式又必须在一定时期内接受空间闲置的浪费。这两个方面必须总体权衡考虑。如果生产布局调整起来灵活便捷，或者是虽然调整难度稍大，但由此带来的成本比空间闲置的成本小，生产布局按目前的一般规模设定即可，否则就必须以未来阶段某一规模为生产布局的规划依据。无论如何，企业领导人都必须与生产布局规划人员充分沟通，设定与生产布局所对应的科学合理的生产规模，使生产布局规划真正有意义。

基本资料收集

生产规模一经设定，工艺技术人员就必须有通盘细致的考虑，收集各项基本资料，兼顾各方面的要求。以下是一些必备信息：

（1）建筑物平面图。

建筑物是承载各种机械设备的载体，只有对其结构有准确的把握，才能规划出合理可行的布局。厂房的长、宽、高，房间的格局，柱子的大小及分布，各出入口的宽度、高度以及分布状况都是必须了解的细节。在实际生产布局中，即使是忽视了一根柱子的存在，也可能会给设备的定位带来难以想象的困难。

（2）工艺流程资料。

产品生产要经过哪些工艺流程，每个工艺流程的人员和机械设备的配置是怎样的，对应什么样的产能规模，这些都是让生产布局落到实处所必备的信息。

（3）机械设备尺寸。

了解具体的机械设备尺寸，才有办法进行布局模拟。

功能区设置

要衡量办公室、暂存区、洗手间、更衣室、休息区、饮水区等功能区将如何设置，各需要多大的空间，事先的规划将决定未来功能的合理性。

平面布置

上述准备工作完成后即可把各种必需的机械设备、工作台等做成模型在图纸上或电脑中进行模拟布局，找出一种可以兼顾各功能区设置、工程衔接合理、搬运路径较短的平面布置效果。

必须说明的是，随着现代管理的演变发展，工厂生产布局的理念也在发生变化，在此我们将两种主流的布局理念作一比较，见表 3－1。

表 3－1 功能式布置和流程式布置对比

	功能式布置	流程式布置
介绍	功能式布置就是将相同的生产加工功能及其使用的设备集中在一起，如有些公司将注塑机集中在一起设置成为注塑车间，将冲床集中在一起设置成为冲床车间	流程式布置就是把生产产品全过程所需要的机械设备按流程顺序组合在一起，每个区或每条线都能独立生产，并完成产品的大部分加工
特点	机械集中，容易适应计划变更和突发事件； 管理对象一致，容易形成专业管理，管理难度较小； 需要一定的中间库存来帮助周转； 生产安排较为灵活	搬运距离短； 产品生产周期短； 中间库存少； 对配合要求较高； 一旦出现意外，波及面较大；更能适应现代生产的生产周期要求

两种布置方式各有利弊，要根据工厂现有的生产组织及实际条件来选择，精益生产未来发展的趋势是朝流程式布置发展，但不能片面地认为流程式布置一定比功能式布置好。

下面举例说明如何对各车间进行布局。

（1）绕线车间。

相对而言，绕线车间加工工序单一、工艺简单，基本是平行制作（同工序不同规格），所以，提高各相同机台、相同制作小组（人）的独立制作能力尤为重要。

其布局要有以下特性：就近布局，所有材料、物品、工具都是最近的；共同使用的物品放置对于每个机台、相同制作小组（人）是最近的；专用物品放置于专用机台、制作小组（人）附近；运输便捷，优化运输方式与工具，以减少运输次数和转序次数。

（2）铁芯车间。

铁芯车间主要由剪片与叠片两大工序组成，但剪片和叠片是两种不同的生产方式，剪片是机械自动化作业方式，而叠片是手工作业方式。两者之间如何同步、如何转序，叠片小组数与剪片机稼动平衡尤为重要，以及剪片后的运送方式、叠片前硅钢片的放置位置与面积规划，也很重要。

正确的区域布置应为：卷钢放置区→剪切机作业区→硅钢片放置区→叠片区→半成品放置区。要按此优化布局，并且优化运送方式与工具，来提升效率。

(3) 配件加工车间。

配件厂的加工工序和加工工艺相对繁杂，从加工方式来区分，配件厂有开料、焊接、油漆三种方式（开料还要分剪板、冲孔、折弯、打磨等工序；焊接要分不同焊接材料的焊接工艺与工序；油漆要分酸洗、中和清洗、磷化、喷涂、烘烤等工序）。从加工材料来区分有槽钢加工、厚板加工、薄板加工，这三种材料都有开料、焊接、油漆三种方式。所以，布局前要进行层别分类：加工材料层别——槽钢加工、厚板加工、薄板加工；加工方式层别——开料、焊接、油漆；加工关系层别——并列关系、前后关系；加工面积层别——大面积、一般面积、小面积；运输方式层别——人工搬运、大型设备搬运、常规设备搬运；转序方式层别——单件直流、批量储存。

通过层别，然后设定加工流向、作业区域、设备的放置方式、运输的工具与方式、通道的规划，形成一个有序的作业空间。

三、目视管理：整顿的最高境界

目视管理是利用形象的代号或色彩等视觉信息来标记现场生产活动，以提高生产效率。目视管理以公开化和视觉显示为特征。实现工作现场的目视化管理，是整顿工作的最高要求。

用看板管理给现场编号

某集团所属汽车有限公司目前所采用的看板分为两种：一种是条形码电子看板，这种看板主要针对外部的供货商所使用，记载了供货单位的名称、物料名称、供货时间、供货数量、工序、所使用的器具、交货地点等信息。

另一种是大规模条幅看板，它协调着冲压分厂和焊装分厂的生产和物料运送，是一种可以循环使用的看板。它记载了物料名称、编号、供货数量、工序、所使用的器具等信息。

用看板确定现场的位置和代号，如图 3－3～图 3－5 所示。

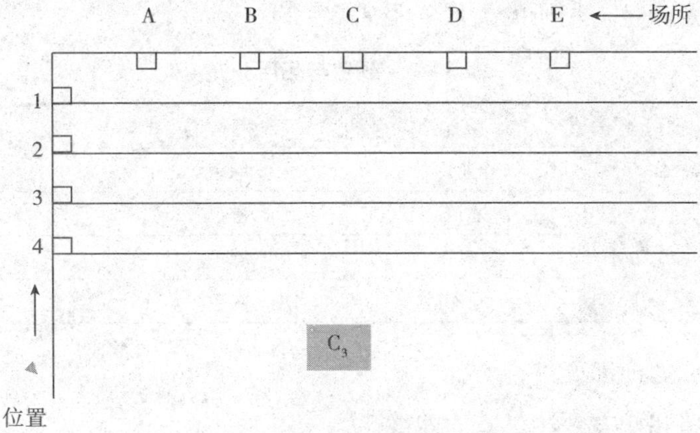

图 3－3　车间位置和代号图示

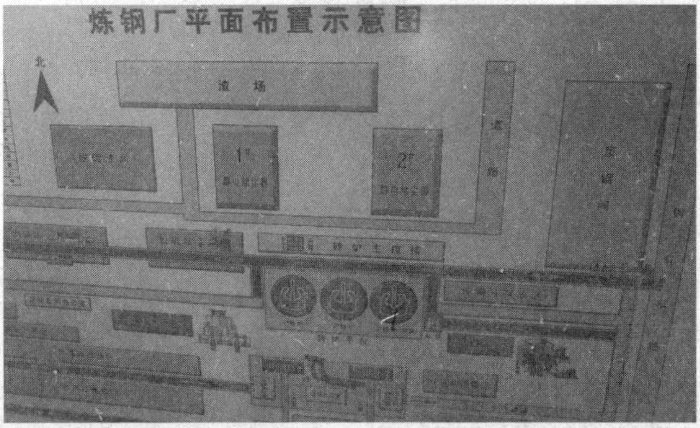

图 3－4　合理的布置

图 3－5　区域的规划和标号

使现场更加色彩鲜艳、丰富多彩

(1) 作业区的颜色应使人平心静气、沉着、专注；休息区的颜色应使人安静、愉悦。由于行业差异，使用的颜色也要有所差异。

布局和位置要点如下：

①注意颜色与场所的关系（见表3-2）。

表3-2 颜色与场所分布

	场所	参考颜色	备注
地面	作业区	绿色	
	通道	橙色	荧光色
	休息区	蓝色	
	仓库	灰色	

②损坏的地面要进行修补。

③通路和作业区尽量减少曲线。

(2) 画线。

(1) 一般用油漆，两边贴胶带或硬剪板。

(2) 从通道与作业区开始画线。

(3) 如果可能按照交通规则通行。

(4) 出入口用虚线。

(5) 需要注意的地方画“老虎线”。

画线原则：黄线禁止踏踩（见表3-3）。

表3-3 画线原则

区分	颜色	宽度（cm）	备注
区域线	黄（或白）	5~7	实线
出入口	黄	10	虚线
开关门	黄	5~7	虚线
通道线	黄	7~10	箭头
老虎纹	黑黄斑纹	5	实线

续表

区分		颜色	宽度（cm）	备注
定置线	在制品	白	5	实线
	作业台	白	5	角线
	烟灰缸	白	3	虚线
	不良品	红	5	实线
	暂放区	蓝	5	实线

图示举例（见图3－6）：

精于思想　重于实践

物品定位——区域的分类画线

序号	名称	图示	图线	颜色	说明
1	工具柜		细实线	白色	
2	推车		细实线	白色	
3	废料堆放场		细实线	红色	
4	垃圾桶(池)	⊗	细实线	黄色	
5	灭火器	⊖	细实线	红色	
6	设备		细实线	白色	
7	危险区		斑马线	红色	
8	工作台		细实线	白色	
9	移动式物品		细实线	黄色	
10	固定式物品		虚线	黄色	

图3－6　物品定位——区域的分类画线

画线从区域线开始

（1）区域线画线方法：

①要直；

②一定要清楚、醒目；

③要避免（减少）拐角；直角。

（2）出入口线画线方法、要点：

①确保出入口线场所安全（出入口线的作用是确保安全）。

②作业者彻底遵守（作业者彻底遵守规则，出入口线才能发挥作用）。

（3）开关门线画线方法、要点：

①站在经过者的角度考虑。

②安全性最重要；这对危险预知有效。

③在开门侧写上“轻开轻关”。

（4）通行线画线方法、要点：

①黄色或白色箭头。

②画线时要留有一定间隔或画在拐角附近。

③不要忘了画楼梯提示标识。

（5）老虎纹画线方法、要点：

①找出所有危险场所。

A. 通道两侧的护石。

B. 脚下注意（楼梯）。

C. 小心触电。

D. 小心吊车。

E. 注意机械移动。

②刷油漆或贴胶带。

③配电柜前面。

（6）定置线画线方法、要点：

①在制品的放置场所明确规定。

②明确作业台、灭火器等的放置场所。

③为了醒目，不良品一般用红线，不要留有不良隐患。

画线实例见图3－7。

图3－7　车间画线图示

四、整顿的“三定”原则：定位、定物、定量

整顿的“三定”原则是指放置方法的标准化，即定位、定物、定量。定位是指要明确物品的具体放置位置；定物是指标识所有物件名称，方便全员快速查找；定量是指明确物品的数量。

我们用一张图来了解整顿的“三定”原则，实现整顿的标准化（见图3－8）。

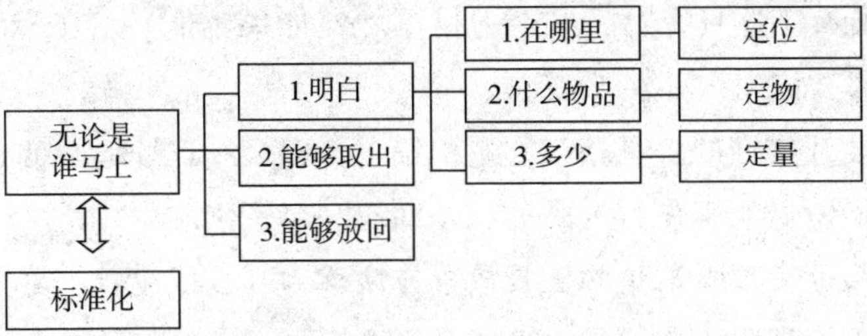

图3－8 整顿的“三定”原则与实现整顿的标准化

“三定”原则的关键词

一个人每天下班回家，都要找到钥匙才能开门。但很多时候，钥匙总也找不到，口袋里没有，钱包里没有，在家门口找了半天，才想起来原来是落在办公室桌上了。

假如每天我们都给家里的钥匙进行一个定点，每次用完钥匙，就把它放在固定的一个位置，天长日久，形成了习惯，这样我们再找钥匙时，就会立刻到那个位置去找。这样一是可以减少盲目寻找的时间，二是可以快速判断出物品所在位置，这就是所说的定位放置。定物也是一样，如果这个地方里只放钥匙，而不放其他物品，那么我们的记忆会更深刻，这就达到了定物。如果我们只把家中的钥匙放在固定的地方，而不把其他钥匙和它放在一起，就做到了定量要求。

为了保证“三定”能够顺利实施，我们在管理看板上要标明如下关

键词：

（1）定置场所。

（2）在制品代号。

（3）前后工程名称。

（4）最大量、最小量。

（5）责任者。

（6）检查者。

定位：从封闭式到开放式

车间的所有工器具等物品是否一目了然？如果不能一目了然，说明是容易乱的，那么该怎么办？

（1）不要让带锁的工具箱或衣帽柜锁上，因为一旦锁上门就看不见。

（2）我们所做的工作目的——从外面看一目了然。

（3）一眼就全部看清楚的工具放置方法称为开放式放置，见图3－9。

（4）范围不局限于工器具，也适合于仓库。

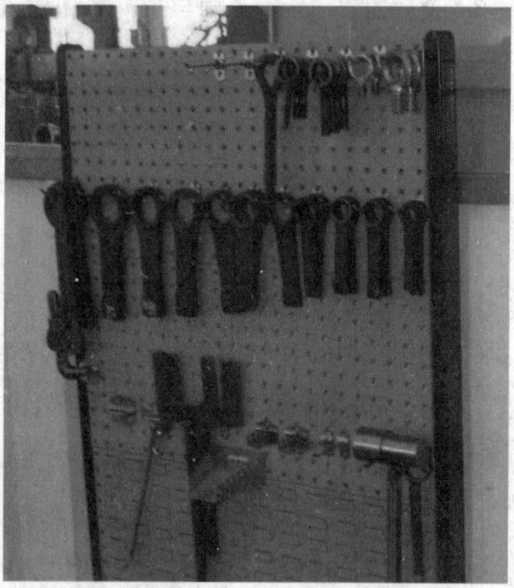

图3－9　开放式放置

工器具成组摆放（按照功能整顿）

如果工器具的放置场所不固定，它们就会出现在地上和工作台上。

（1）现场所用的工器具全部列出。

（2）要放置场所和物品。

（3）工器具的放置台斜放。

（4）工器具成组摆放，以便于马上取放（见图 3－10）。

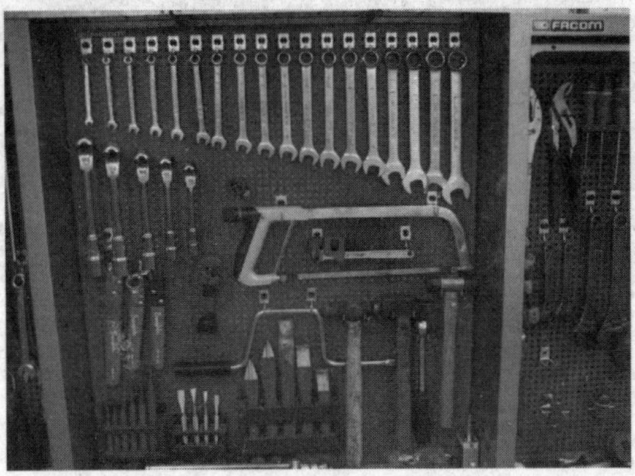

图 3－10　工具一目了然

五、整顿的“三易”原则：易见、易取、易还

整顿推行过程中，一定要注意物品放置时保证经常用的原料、工具等易见、易取、易还。这样才能提高效率，而不是仅仅图整齐好看，实用才是王道。

在整顿过程中，怎么才能做到“三易”呢？以下介绍几种简单的方法。

文件夹整理

文件夹一旦混乱，就很难辨认，因此，要将文件夹标识清楚。在文件夹的背面按顺序编号；标签按照色别进行整顿；画上斜线；便于调整和变更（见图 3－11、图 3－12）。

图3－11　文件夹的标志

图3－12　资料管理

形迹整顿

为了对工具等物品进行管理，很多企业都采用工具清单管理表来确认时间、序号、名称、规格、数量等信息。但是，使用工具清单管理表较为烦琐，而且无法做到一目了然。因此，有必要引入一种更为科学、直观的管理方法——形迹管理（见图3－13）。

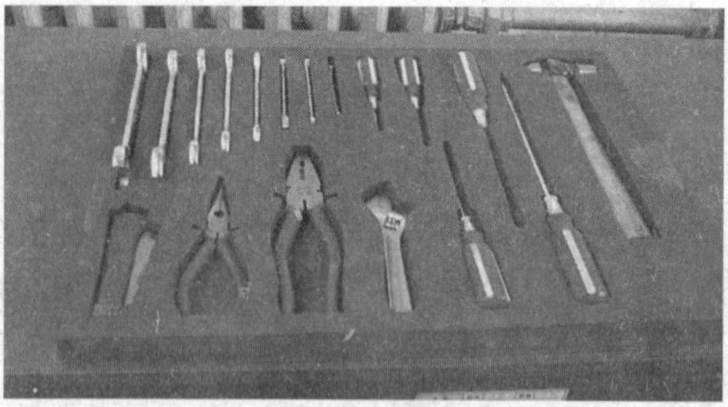

图3－13　工具形迹管理

形迹管理是将物品的形状勾勒出来，将物品放置在对应的图案上。如图所示，画出每件工具的轮廓图形以显示工具搁放的位置。这样有助于保持工具有序存放，某件工具丢失便立即能够显示出来（图3－14）。

（1）工器具的形迹整顿。工器具要标明名称和编号，在放置场贴上同样的名称和编号；在放置场上画出工器具形迹；不同类别用不同颜色区分。

（2）烟灰缸、灭火器的形迹整顿。要点：放烟灰缸、灭火器的地方进行形迹整顿了吗？用白色或红色的点画线；烟灰缸和灭火器都可用形迹画线；如果烟灰缸或灭火器移走时能看到名称；“三定”是基本（见图3－14）。

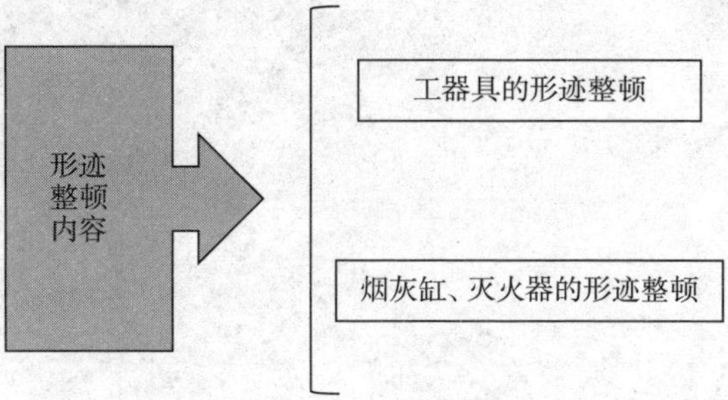

图3－14　形迹整顿

色别整顿

（1）材料放置场的色别整顿。

如果因为材质的不同发生过混淆，就要进行色别整顿消除混淆现象。同一类的东西，使用同一颜色，使用在什么地方一目了然。对确定的材料种类设定放置场所相应的颜色；为放置场和材料的端口涂上相应的颜色；“三定”自然重要（见图3－15）。

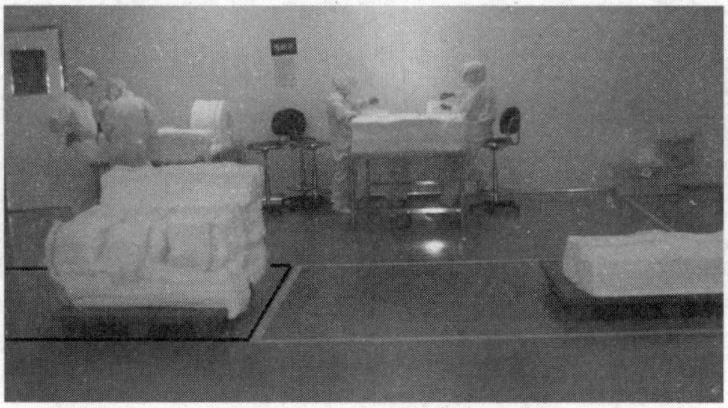

图3－15　状态颜色管理

说明：白色区域表示未检验；黑色区域表示检验合格。

（2）液体的色别整顿。

油（液体）有不同的种类，有没有因为疏忽，机械设备加错油（液体）的情况？

要点：首先对油（液体）要清楚“三定”：定位、定品、定容（定量）；根据油（液体）的种类决定颜色；放置场所，加油（液体）壶用同一颜色；各设备加同一种油的加油（液体）口用同一颜色（见图3－16）。

图3－16　不同的液体用不同颜色的桶

（3）工器具的色别整顿。工器具也要进行目视管理，用不同的颜色来区分。

要点：不同机械用不同工器具的情况；不同机械用不同颜色的比例；各自的机械使用各自的颜色；要进行形迹整顿（见图3－17）。

图3－17　器具颜色管理

（4）工装的色别整顿。工装与怎样的机械配套，一目了然吗？

要点：决定机械和设备的颜色；机械分别所使用的工装种类化；同一

种类，用同样的颜色；工装与放置场机械的颜色一致；工装的放置场所变换的场合，用色别整顿为好。

流程优化

整顿的解释是：收拾杂乱的房间（现场）和物品，使之看起来赏心悦目。

以作业流程合理化的角度来考量，整顿在于考虑流程优化。所谓的流程优化并不仅仅是设备的布局。它的考虑方法是按照生产运营的要求安排流程和程序，这才是全部的流程优化。

流程优化的起点是人的意识。首先全员具有优化流程意识是最主要的；从意识到作业程序逐步实现职能化；为了配合作业的流程优化，设备、零部件、工具工装等配套作业都要谋求组织化，如图 3－18 所示。

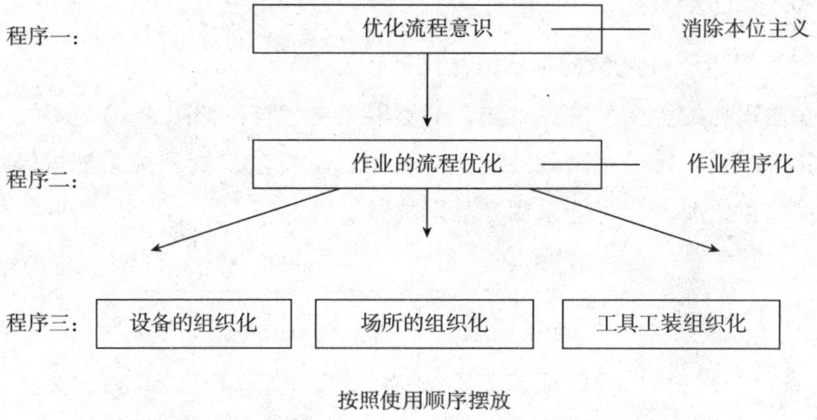

图 3－18 设备布局流程优化示意

场所的整顿

（1）两种零部件的放置方法。

零部件的放置方法，根据作业的效率可分为两种：种类别放置与产品别放置。如螺丝与螺丝放在一起，就是种类别中的螺丝类放置。

从种类别放置到产品别放置，放置方法总有取放时产生的动作浪费。

种类别放置、考虑方法是放置容易，收发便于集中管理。后面的工序取放容易。材料和零部件容易集中管理，动作的浪费较少；产品别放置：考虑方法是后面的工序取放容易。材料和零部件容易集中管理，动作的浪费较少（见图 3－19）。

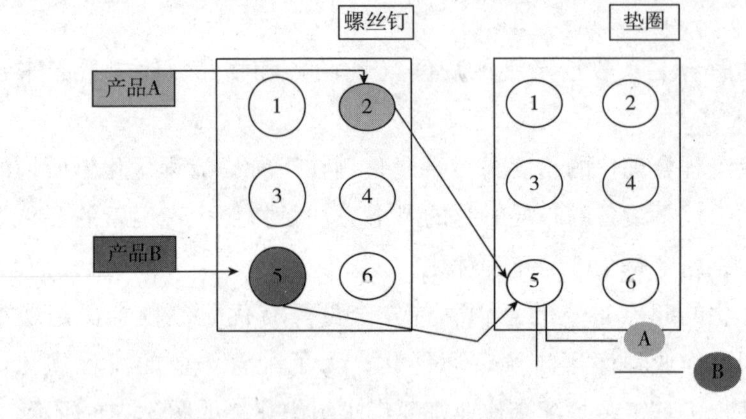

图 3－19　种类别放置

（2）沿着画线区域的标示依次排列整齐。

按着现在的零部件放置方法，能够混流生产吗？如图 3－20 所示。

零部件要从批量生产到混流生产转换；从批量供给到按需配量供给转换；按需供给时，尽可能采用产品别放置。

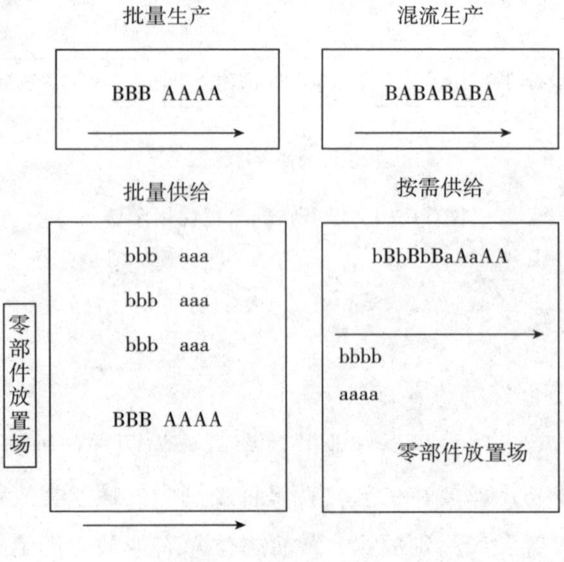

图 3－20　零部件放置方法

（3）按需供给是混流生产根本性的方法。

现代企业中，专用生产线方式的应用越来越少，为了适应多品种少批量的要求，混流生产已是大的趋势。混流生产代替批量生产，零部件的供给方式是关键，如图 3－21 所示。

决定产品工艺流程的序列；根据产品的工艺流程序列做出零部件的供给序列；一定要按照先进先出的原则供给。

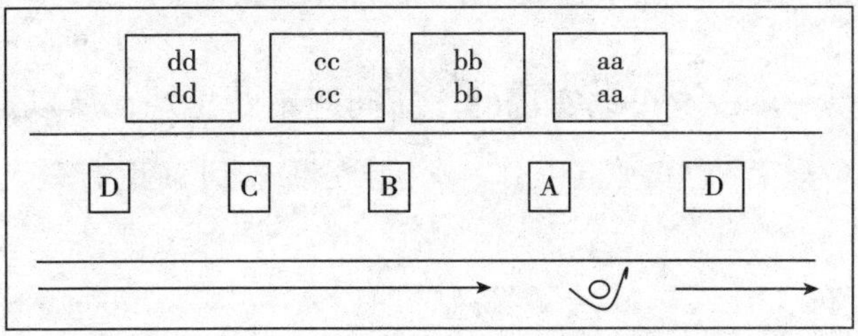

图 3－21 零部件别供给

（4）工具按机械别放置

现在，按序列供给需要花多少时间？为了实现 100 秒之内安排好，需要按照机械列安排好工具的使用序列（见图 3－22）。

废除工具在一个场所集中管理的规定；列出各机械别所使用的工具；补充不够用的工具；按照机械设置必要的工具；遵守“三易”原则，即易取、易放、易明白。

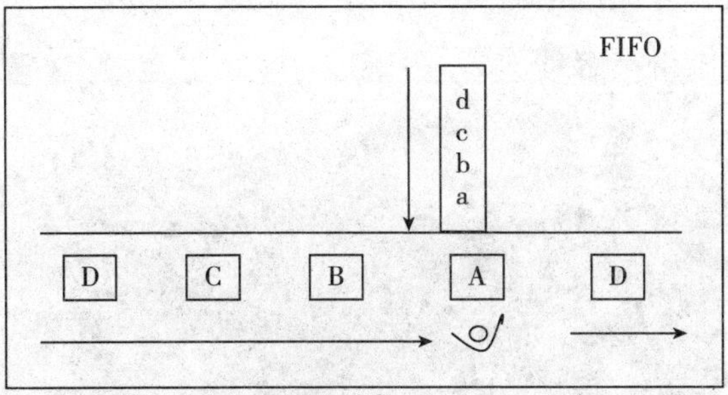

图 3－22 序列供给

（5）工具组织化放置。

请仔细看放工具的地方。是怎样的放置方法？多数情况下是扳手与扳手放在一起，钳子与钳子放在一起，很少有按照作业类别进行分类的。

按照作业的顺序放置工具，称为工具的“组织化”。从集中放置到机械别放置；写出作业的程序；写出作业所必需的工具；与作业同样的顺序摆放工具；工具的放置方法，遵循“易取易放”的原则。

六、一切管理都有依据：预防整顿

整顿不是一朝一夕可以实现的。新问题不断出现，所以需要及时预防和持续改善。只有做好预防工作，才能逐渐找到真正有效与快速的解决办法。

为什么又乱了

放乱了的工具、工装再放回原处进行了整顿，然而很快又乱了。这时候有人感叹：“员工素质差，就这种水平。”

整顿的“三易”原则——易取、易放、易管理（看到）非常重要；工器具弄乱后，养成马上放回去的整顿习惯；要时时思考为什么弄乱了。

图3－23是印刷车间的工具架，乱的原因就是这三个方面：

（1）不符合“三易”原则。

（2）工人没有养成放回原处的习惯。

（3）工具架做得不合理。

图3－23　“三易”改善之前

为此，工具架做了如下改变：

（1）不同种类的工具、备品放在不同的格子里，这样变得易取、易放、易看到（见图3－24）。

（2）每天检查强化员工放回原处的意识（一个月），直到员工形成习惯。

（3）公司的类似改善，按照计划，全面落实展开，形成公司氛围。

图3－24 “三易”改善之后

整顿的理念改变

对于又放乱的库存和工器具，进行放回原处的整顿最重要的是习惯化。然而，有没有使它不再变乱的方法？

图3－25是某塑料制品公司常用到的模头，经常散落一地，是典型的乱摆放。按照5W1H的考虑方法，做出了如图3－26所示的模头架。这就是由事后整顿改为预防整顿。

图3－25 预防整顿前

图 3-26　预防整顿后

（1）为什么放置场所杂乱？原辅材料、零部件、成品等的放置场所为什么杂乱？“场地太小了”“品种太多了”等，有各种各样的理由。首先探讨，真正杂乱的理由（原因）是什么？

如果看到放置场所杂乱，要反复使用 5W1H 抓住杂乱的真正原因。在放置场所杂乱的主要原因的前提下，是否还有下面的原因：

· 放置场所不够清楚，还有就是物品放置在哪儿？

（6S 做得不扎实，其中“三定”是基础）

· 没有遵守公司制定的规则。

（从提高全公司的素养和制度化到将规则程序化）

· 通过“三定”进行管理的物品又杂乱了。

（不必要的东西，不必寻找原因，用看板揭示即可）

（2）不杂乱、不乱放的机制。放置场所杂乱的最重要原因是：6S 没做到位。特别是“三定三彻”没有做的工厂，杂乱是理所当然的事。

放置场所要标示出名称、种类、数量；“三定”是基础。位置取放负责任的“三定”“三彻”（彻头、彻尾、彻底）；在制品放置场的区域线、放置场名、前后工序、放置量的四要素。除以上提高员工的素质来提高整顿的水平外，不杂乱、不乱放的机制也是必要的。

（3）不杂乱的素养。

物质生产的核心是以人为本。特别是工厂员工的心态左右着企业的生产。这样看来，物质生产的原点在于生产者的心态和素养。所以说，提高公司全员的素质非常重要。

部门领导和企业领导要不断地进行现场巡视。部门领导至少每天 3 次进行现场巡视；企业领导至少每天 1 次进行现场巡视。培养指责高手和被指责高手。制度和规则要看板化，每天都要组织员工大声朗读。

(4) 那些零部件真的是必要的吗？

已经“三定”的物品在现场保存，还有前一工序转来的在制品。然而，放置场所还会有放不下、混乱的情况。为什么存放那么多的物品呢？

所有的放置场所“三定”，特别是要确定最大量和最小量。超过最大量的情况不要经常出现。查找超过最大量的真正原因。除这样的原因之外，还有以下原因：

进货次数太少——多次进货；

前工序转换——后工序检引（看板）；

零部件的供给大批量——小批量供给；

预测生产——订单生产；

大批量生产——小批量生产；

探戈式生产——平均化生产；

考虑安全库存的订货——必要数量订货。

(5) 为了使以上要求制度化，要规定数量。

图 3 - 27 给出了仓库分区分架的示意图。

图 3 - 27 预防整顿：仓库中分区架

工具工装的预防整顿

（1）为什么工具工装乱？很多情况下，工具工装是在放回的时候乱了。为什么放回（归还）时乱了？工具工装的三个管理点也是“三易”原则，但有其特点：材料、零部件和加工组装完毕随产品一同出去，不再回来。工具工装使用完了，还要放回“家”。工具工装的混乱真是“归还”时发生的。

（2）为了便于工装工具准确放回要做的工作。既然工具工装的混乱原因是“归还”时发生的，就要在“易归还”上多下点功夫。要点：按照工具工装的形状放回——形迹整顿；按照工具工装的颜色放回——色别整顿；放回集中管理的场所没必要——机械别放置；不采用种类放置的方法为好——按作业顺序放置；放回的地方太小——放置处的大小合适；伸手就能取放——使用点尽可能接近工具工装。

（3）如果没有放回原处的意识，尽管在容易放回上下了各种各样的功夫，现场依旧可能混乱，原因一是员工素质，二是员工没有形成放回原处的习惯。

如果不放回原处会怎么样呢？

如果不放回原处，就会出现问题，再使用时，不容易寻找。使用完了，“离开手，一次性整顿好”。如悬挂的方式，只要一悬挂就不用再整顿。再如超市里悬挂摆放的物品，加油站的加油枪等就是这样。悬挂的情况下，悬挂点与使用点需要在用手直接取放的距离内。电动螺丝刀等吊起来为好。这种情况下也可使用磁石方式或管道方式。

工具工装没有“物归原处”的现象经常出现，使用者往往借口说“还要使用”以致工具工装没有放回原处。这就是“不想再使用”。

（4）没有使用意识——工具、工装的共通化。

“为什么要使用那样的工具？”这样单纯的疑问很关键——考虑工具的通用化。那样的工具能否与其他工具通用？工具的通用化模仿零部件的通用化是必要的。工器具通用化之后，工厂内的工器具会减少很多。

（5）树立不使用的意识——工器具的替代化。

（6）树立不使用的意识——方法的替代化。如果工器具的替代化能够实现，就能去掉工器具。要点：

今后要有这样的疑问：需要工器具物品的必要性？例如，为什么要使用螺丝？那种方法（如螺丝）的本质功能是什么？满足那种本质功能的方法有哪些？用其他方法品质有没有问题？有没有更便宜的方法？

要“怀疑”工厂内的所有事情！“怀疑意识”很重要，问题多半是从怀疑中发现的。“为什么要紧固螺丝？”使其固定（功能），黏合剂也可以起到同样的作用。

七、有错必改：常见问题与解决对策

和整理一样，整顿活动在实施过程中也会遇到许多常见问题。对于这些常见问题，我们要用科学的方法解决。

只要求摆放整齐就行了吗

很多企业在推行整顿原则的时候，往往仅是摆放整齐，完全忽略了使用的方便，虽然看起来美观了很多，但是却严重影响了使用效率，导致找的时候不好找，每天还得花费大量的精力和时间做整顿工作。整顿活动的根本宗旨是效率第一，而不是只求美观。

所以，整顿活动的重点应该放在如何放置整齐并取用方便，这样的整顿才能出效率，更容易长久推行。

不知道该如何放置

很多公司的6S 推行活动，往往是领导交代怎么干，员工就怎么干，领导一旦忙起来忽略了，员工的执行情况就会打折扣。这一问题要从如何放置上来解决。可以通过集体讨论的方式，得出一个让大家比较认可的放置方式。这样放置起来简单，容易执行，还能让不断改善的理念深入人心，更会让员工养成良好的习惯。

现场保持不能长久，今天放，明天乱

造成这种情况最主要的原因就是没有养成整齐放置的好习惯。解决这种问题的方式为，既要明文规定物品的放置标准，又要保证这些物品的取用、放置方便。这样才能提升作业效率、减少作业疲劳，更能让员工明白随时随地放置整齐，也是工作的一部分，而非工作之外的事。

物品来不及整顿，在仓库长久放置变质或发霉怎么办

采用“先入先出”原则，先入库的物品优先出库，这样可以避免物品长时间滞留仓库带来的浪费和整顿困难。长期遵循这个原则，整顿就会变得简单容易。具体方法可以采用不同的颜色、序号或标志区分先后入库顺序，便于区别对待。

办公室整顿应该注重哪些方面

公私物品归类整理。

公共资料归类：易取易用。

柜架整理：存放物品归类，责任人桌面状态整洁有序，抽屉内部整齐划一，公私分明。

整顿不彻底，怎么办

不整顿还好，一整顿，零件、材料、工具、钥匙等该用的时候都找不到了。对于这种情况，就要对物品进行归类，规定场所、规范方法、统一标志，这样找起来就会快捷得多，用完归位，形成习惯就会发挥出整顿的作用。

视频5　如何进行整顿工作?

扫码看视频，听作者讲解整顿工作如何进行。

04

第四章

清扫：

有备无患，积蓄力量

在6S活动中，清扫是企业最常用、最熟悉的环节。很多企业都将清扫等同于打扫，实际上，6S清扫工作比企业日常进行的打扫更深入，它不仅包括工作环境的清扫，还包括对生产设备的擦拭和清洁，以及对污染源的治理等。

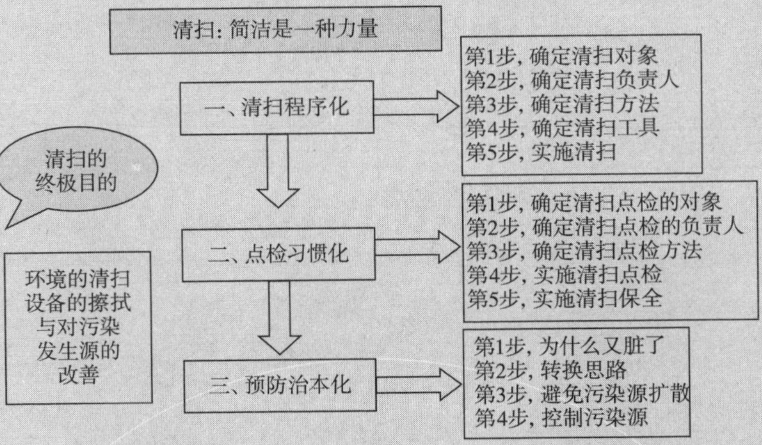

一、程序化：日常清扫必修课

日常程序化的清扫工作，能够清除工作环境中的脏、乱、差，使工作现场干净、明亮，同时使所有物品任何时候都处于良好状态，确保随时拿出来都能正常投入使用。这是保证效率的基础。

清扫的目的

在6S精益管理中，清扫是企业比较熟悉的部分。但是，清扫不是定期大扫除，很多企业负责人都误解了这一概念。清扫不仅仅是环境的清扫，还包括设备的擦拭与清洁，以及对污染发生源的改善。这才是清扫的终极目的（见图4－1）。

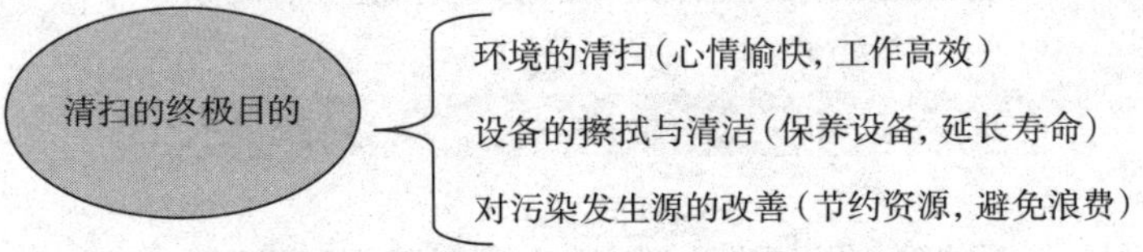

图4－1　清扫的终极目的

清扫的关键

无论是通路、工作台下面，还是机器、设备、工具、用具等，任何地方都要认真扫除污垢和赘物，并擦刷干净，去除所有的灰尘、垃圾、污垢、障碍物，使工作场所保持处处整洁。

清扫的步骤

很多企业在做清扫时，总是会花费大量的时间和精力，导致员工苦不堪言，情绪不高，敷衍了事。清扫不是一时的需要，而是应该日常化、标准化、制度化的管理方式（见图4－2）。只有实现标准化和制度化，企业才能真正地将清扫日常化，从而每天花费最少的时间和精力，把清扫做到位。而清扫的标准化，首先要从确定清扫步骤开始做起（见图4－3）。

图4－2　人人从身边做起，日常化、制度化

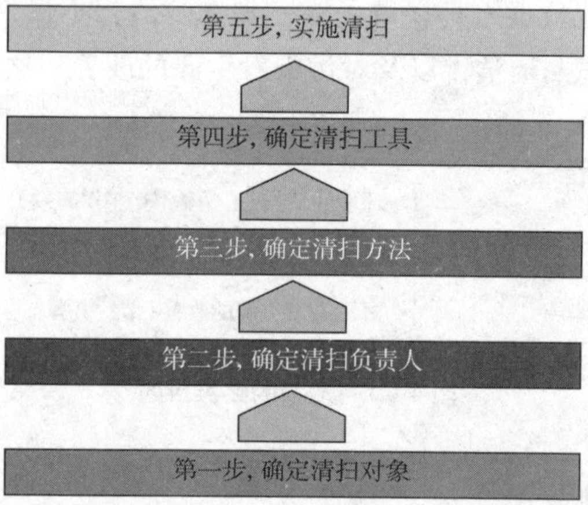

图4－3　清扫的步骤

确定清扫对象表

清扫的对象是什么，需要明确，见表4－1。

表4－1 清扫对象

场所	对象
物品放置场所	仓库、半成品库、工具室等
设施、设备	机械设备、搬运工具、工具工装、模具等
空间	通道、窗、会议室、卫生间等

（1）现场（见图4－4）。

图4－4 清扫现场

（2）生活场所（见图4－5）。

图4－5 清扫住所

确定清扫负责人

卫生间决定负责人了吗？每日清扫吗？每日都安排吗？

（1）及时确定清扫负责人（见表4－2）。

表 4-2 清扫负责人

清扫区域	A3—A6
清扫负责人	李杰
清扫时间	周一至周日早 8：00～8：30

制定责任区负责人一览表，按照责任区地图落实（图 4-6）。

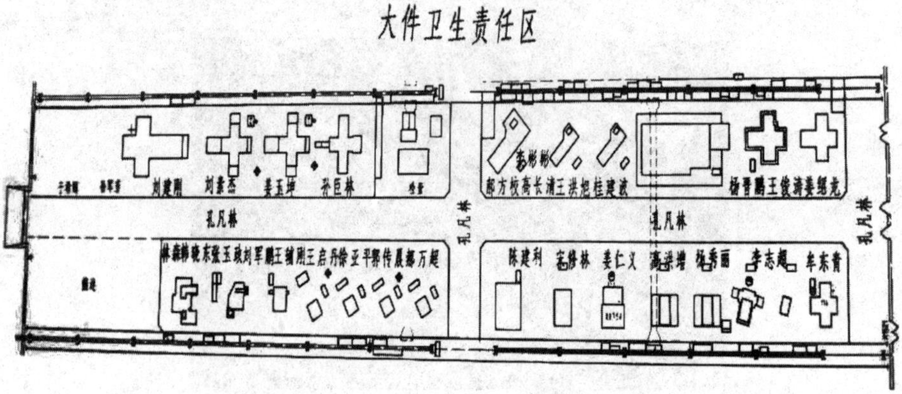

图 4-6 清扫责任区

（2）科学统筹，做出清扫时间日程表。

一旦开始清扫作业，就把它程序化，特别是公共场所，应该排出值日表。步骤如下：

①确定公共场所：会议室、休息室、卫生间、资料室；

②明确责任：使用人、负责人；

③程序化、标准化流程：一旦开始清扫作业，就把它程序化、标准化；

④张贴日程安排：做出日程安排表，并张贴出来（见表 4-3）。

表 4-3 卫生间的清扫

星期	负责人	垃圾桶	便器	卫生工器具	洗手池	洗手液	上下水
一							
二							
三							
四							
五							

续表

星期	负责人	垃圾桶	便器	卫生工器具	洗手池	洗手液	上下水
六							
日							

注：当事人与监管者执行相同的标准。

（3）落实一人一物查核表（见表4－4）。“一人一物”就是每个人都有物品要负责，每个人都要有清扫查核的对象；每个东西都有人负责，每个设备都有人清扫，每个地方都有人清扫，这叫“一人一物查核表”。这就是我们通常说的：“人人都管事，事事有人管。”

表4－4 某车间一人一物查核

No.	项目	负责人
1	管理电子秤、刮地、打扫卫生	李健
2	工作中案面清洁消毒及水管开关损坏卫生状况	楚凤利
3	所有工器具、刮地、拉门	戎月
4	下水道干净、手套的回收和发放	宋亚敏
5	车间内灭蝇灯上抓小虫、处理顶棚冷凝水、保持地面干燥	徐花
6	工作服、油兜、油袖上的线头，第一遍检查头发、指甲	王彩军
7	车间内洗手消毒槽处换水、卫生	刘延惠
8	保证精加工间的小车清洁无损坏	董丝荣
9	检查班后水鞋、拖鞋是否干净	李艳丽
10	保证辅料间卫生、工器具、机械合理使用	李彦
11	洗刷间卫生、工器具的清洗及摆放	张朋珍
12	墙面维护及清洁	陈静
13	所有照明灯的清洁及损坏	张圆圆
14	单冻机、速动柜、平板柜的合理使用、保养及卫生	薛志辉
15	班后油兜、油袖的清洁和摆放	朱秀云

注：以上各项均由各班车间主任刘兰与王娟负责监督与检查。

在每名员工的清扫责任区，张贴可视化标签。如表4－5所示。

表4-5　清扫责任区

照片	区域名称	仓库通路、货架
	区域主人	张三
	清扫周期	每天一次
	清扫工具	扫把、拖把、毛巾
	清扫方法	扫、拖、擦

确定清扫要求及标准

为给公司各部提供一个舒适、干净的工作环境，提高工作效率，确保办公区域内环境卫生整洁、干净，不留死角，现对各卫生区域要求如下：

办公区域外卫生

（1）过道及大门口必须保证每天打扫一次，做到地面无污物、无脚印，整体干净、整洁；

（2）电梯口及过道垃圾桶每天必须清洗一次，保持干净、卫生，要求无烟头，桶内无杂物，桶体干净无污物；

（3）电梯间、楼梯平台应每天打扫一次，保持干净，无烟头。

卫生间

（1）地面无尘土、沙粒、纸屑，无污水、泥浆、痰迹等；

（2）洗手台无污垢，水嘴、水阀不跑、冒、漏、滴，除了洗手液、去污粉、肥皂无其他杂物；

（3）洗手台、拖把池、茶叶桶、茶叶箅子、榨水车在每天下午打扫卫生时，必须用去污粉进行刷、洗；茶叶桶、榨水车无污水，桶体干净无污物；

（4）垃圾桶倾倒干净，每天更换垃圾袋，周围无残留垃圾；

（5）打扫便池时，每天必须用洁厕净进行刷、洗，洁厕净使用完后，应及时到综管部领取；

（6）如遇洗手台和便池堵塞、不通时，应及时疏通；

（7）卫生间门（包括男、女卫生间门及隔断门）上无水渍、污渍；

（8）女卫生间窗台每天必须进行打扫，保持无灰尘、无杂物；

（9）清理卫生的用具、拖把等物品用完后要定位存放。

茶水间

（1）冰箱、微波炉必须每月进行一次消毒；

（2）地面无尘土、沙粒、纸屑，无污水、痰迹等杂物；

（3）沙发、茶几每天擦拭一遍，无灰尘；

（4）洗碗池不允许用来涮洗抹布、洗脸等；

（5）墙面、镜子、架子干净整洁，无污物、灰尘。

沙盘室

（1）每周必须打扫两次沙盘室，做到花盆中无烟头、柜子上无灰尘、地面无杂物、垃圾桶及时清理；

（2）若遇临时来访，应提前打扫卫生。

各办公室

（1）地面整体干净，无沙子、泥土，无水迹、脚印，墙角、桌底等死角无灰尘，不存在没有拖到的死角；

（2）办公桌面杜绝摆放除电话、电脑显示器、文件筐等常用办公文具外的其他物品，纸张、文件摆放整齐，不得散乱，所有物品都不得有灰尘；

（3）文件柜、饮水机、沙发等所有家具应保持干净，无灰尘；

（4）办公室整体要求整洁、明亮，不得有异物、异味。

每个企业都要明确卫生清扫标准，使清扫习惯化；注意角落，按照清扫标准执行。特别是容易遗忘的角落、清扫困难的位置、污染发生源处理，如地板、天花板、灯罩等（见表4－6）。

表4－6　清扫习惯化点检标准

项目	工具与方法	清扫要点	清扫标准	周期
通道	用扫把、拖把清扫	注意角落	无垃圾、无积水	1日/次
现场	用扫把、拖把、棉布	注意设备底下	无灰尘、无污垢	1日/次
卫生间	用拖把、棉布	注意通风口	无污垢、无积水	2小时/次

明确清扫步骤和清扫工器具

明确工器具的使用方法，明确清扫工器具的摆放，每天保证一次5分钟清扫。

(1) 清扫工具及使用方法如表4-7所示。

表4-7 清扫工具及使用

工具	场所	方法
扫把、拖把	地面	去脏、拖擦
抹布	设备、窗户	抹擦、清理
毛巾、纱布	工作台、办公桌	去脏、擦洗

(2) 清扫工器具的摆放如表4-8所示。

表4-8 清扫工器具的摆放

工器具	摆置原则和方法	注意事项
清扫工具	集中规则摆放，打扫类工具悬挂，拖把拧干水悬挂，抹布分块挂放	拖把下最好接一个容器，以免地面上出现积水
垃圾桶	分类（生活垃圾、工业垃圾）：可再生垃圾（塑料、金属等），不可再生垃圾	可在特定的作业现场，垃圾桶摆放在作业台下，这样可以直接让垃圾落在垃圾桶内，维护现场整洁
清洁工具	就近摆放，随取随用	摆放位置要明显，不要摆在通路、机器旁等走动频繁的位置

实施清扫，边清扫边检查

明确清扫对象和清扫工器具，各个负责人明确各自的清扫对象，然后实施清扫。清扫时可对容易出现灰尘、油污的位置做记录，以便进一步改善，彻底根治；清扫前要明确了解每台设备的构造和性能，抹布干湿、大小、用料等要特别注意；在清扫过程中，要进行设备状况检查，对易出现问题的位置，如分析仪或气管、水槽等位置，易发生滴油、滴水、漏油等状况，应在清扫过程中特别注意。

二、习惯化：让清扫点检不可或缺

清扫的第一目的，是使机器设备及工具能够正常使用，所以清扫的真意在点检。不仅要清扫干净，更要用心看清扫对象有没有问题。在清扫的过程中，我们的感官都要用到，用手摸，用眼睛去看，还要用鼻子去闻，以辨别气味有没有异常，用耳朵去听，以判断声音有没有异常。

为什么不能缺少点检

有人说，每天清扫之外，就没有了机械设备的点检时间。所以，每天的清扫业务中应包含点检的业务。

要点：每天早上清扫变成习惯（5 分钟清扫）；清扫业务包含点检要点（清扫点检）；清扫时用手指着，大声喊出点检要点；由现场负责人进行 5 分钟清扫的检查并记录和公布清扫情况（见图 4－7）。

清扫时用手指着大声喊出点检要点

图 4－7　清扫就是点检

实施清扫点检

通过清扫点检，想尽一切办法减少机械故障、错误动作，最终达成

“零故障”。所以，实施清扫点检的程序化、标准化、日常化是必要的(见图4-8)。

第一步：确定清扫点检的对象 —— 确定机械、作业区、工器具等清扫对象。

↓

第二步：确定清扫点检的负责人 —— 确定各作业者清扫负责的区域。

↓

第三步：确定清扫点检方法 —— 确定清扫的顺序，点检的要点。

↓

第四步：实施清扫点检 —— 按照规定顺序每天进行清扫。

↓

第五步：实施清扫保全 —— 作业者能够实施的安全行为。

图4-8　清扫点检的步骤

确定点检对象

生产所涉及的所有物品都是清扫点检的对象，其中机械和设备是重点。

要点：清扫点检的对象——地面、机械、设备、工装、工具、刀具、测量器具、模具、搬运工具、工作台、工具箱、桌子、椅子及其他备品(见表4-9)。

表4-9　清扫基准——仓库

对象	清扫要点、方法		点检清扫标准	周期	清扫时间	责任人
	No.	内容				
1.1 零件物料	1.1.1	划分合理放置区域，并标志	有定置图，场所整洁，标志清晰			
	1.1.2	建立零件、物料明细账	账、物、卡相符合			
	1.1.3	零件、物料按要求定置到货架或容器中	物品分类摆放，整齐有序，使用合理容器，标识清楚			
	1.1.4	不合格品在划定的区域内存放	不合格品区，有明显的标志			

续表

对象	清扫要点、方法		点检清扫标准	周期	清扫时间	责任人
	No.	内容				
1.1 零件物料	1.1.5	零件、物料做好防护	零件、物料上无积尘、杂物、赃物、锈蚀或变质			
	1.1.6	零件、物料不能落地	零件、物料无散落，没有直接接触地面			
1.2 容器货架	1.2.1	及时清扫、整理容器、货架	容器货架等应保持干净，物品分类定位摆放整齐			
	1.2.2	对货架进行编号管理	存放标识清楚，标识向外			
	1.2.3	及时检查更新货架、容器的标识编码	容器、货架本身标识明确，无过期及残余标志			
	1.2.4	及时检查货架、容器使用情况	容器、货架无破损及严重变形			
	1.2.5	学习危险品储存，搬运注意事项，按要求操作	危险品储存、搬运应安全			
1.3 周边环境	1.3.1	清扫门窗，正常维护电器件	门窗清洁光亮，电器件工作状态正常			
	1.3.2	办公设施定置及时清洁、文件及时整理归档	办公设施整洁，无杂乱文件			
	1.3.3	地面工作正常污染按时清扫	地面无水迹、油垢、杂物			

确定点检负责人

生产现场面积大，决定清扫区域需要确定落实到每个人（见图4－9），按照每个人分担的清扫点检内容确定地实施。

要点：确定部门或班组的清扫点检范围；确定每个操作者的清扫点检区域；工场布局和区域负责人做成看板；在墙（地）和柱子上表示出清扫点检区域（见表4－10）。

表 4-10　区域清扫点检一览

序号	区域名称	清扫人	点检人	点检结果
1				
2				
3				
4				
5				

图 4-9　明确车间各区域

确定清扫点检方法

（1）外表面的点检要点。

详细清扫，点检机械设备的脏污、破损等情况。

要点：将清扫点检点全部写下来，写出机械设备的外表面状况；确认机械设备的异常并查寻原因，确定针对原因的措施；制作清扫点检确认表（见表 4-11）。

表 4-11　外表面的清扫点检要点

No.	项目	要点	措施
1	灰尘、污垢	灰尘、飞屑、污垢、锈、木屑、粉末及其他脏污	清扫
2	油	油渍、油污、断油、油路堵塞、油量不足、油种类错误	加油，更换新油，清扫修理

续表

No.	项目	要点	措施
3	温度、压力	温度压力过高、不足，冷却水温异常	修理复原
4	松弛、脱落	螺丝、螺母松弛掉落，皮带松弛，焊接脱落	紧固，更换，修理复原
5	破损	软管折裂破损，仪表玻璃开关破损，电线外皮不绝缘，扶手破损，旋转部分状态不良	更换修理复原

（2）结构面的点检点。

每台机器设备从机构面看有哪些点检点（见表4－12）。

表4－12　机器设备结构面的点检

结构面顺序	No.	要点	主要措施			
			清扫	加油	更换	复原
公共部分	1	各部位有没有灰尘、脏污？				
	2	温度是否正常？				
	3	数据是否显示清楚？				
	4	各部位有没有裂纹损坏？				
	5	声音是否异常？				
	6	气味是否异常？				
油压系统：油箱油泵控制	7	油量是否加满？				
	8	油量是否显示清楚？				
	9	油箱有没有裂纹？				
	10	油箱内底部脏吗？				
	11	油是否被污染？				
	12	油量足够吗？				
	13	加油的种类是否有误？				
	14	油过滤器脏吗？				
	15	泵的声音有异常吗？				
	16	泵有异常发热吗？				
	17	阀门处有漏油吗？				
	18	转动装置（气筒、油缸类）漏油吗？				

续表

结构面顺序	No.	要点	主要措施			
			清扫	加油	更换	复原
空压系统：控制盘、传动装置、排气部分	19	空气过滤器内有垃圾、脏污吗？				
	20	化油器内有脏污吗？				
	21	汽油器内的油面合适吗？				
	22	加油器加油的滴数合适吗？				
	23	阀门漏气吗？				
	24	汽筒、汽缸漏气吗？				
	25	操作阀门的声音异常吗？				
	26	控制螺丝松动吗？				
	27	传动部分漏气吗？				
	28	传动螺丝松动吗？				
	29	排气部分怎么样？				

(3) 做出清扫点检确认表。

从外表面和结果面两个层面，制作并填写每类（台）机械的清扫点检确认表（见表4－13）。

要点：确定机械种类和台数；写出所有的点检点；在一个月左右的时间里制作并填写清扫点检确认表。

表4－13　清扫点检确认表

清扫点检确认表	现场名							
	机械名							
清扫点检确认要点	星期	负责人	①	②	③	④	⑤	⑥
①每日清扫点检 ②每日加润滑油涂拭	1（五）							
	2（六）							
	3（日）							
	4（一）							

实施清扫点检

制好清扫点检确认表之后，马上实施（见图4－10）。

要点：张贴清扫点检确认表；确认点较多时，如果同时处理达不到目的和效果，可将点检项目均分到清扫点检周期中；每天早上实施5分钟清扫；点检要点要一目了然；确认点检位置；确认完毕，用手指着喊“好”。

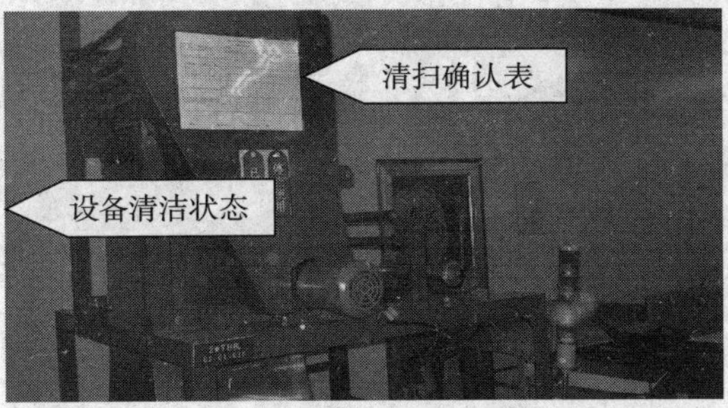

图4－10　实施点检

有效的点检能保持工作环境的整洁，还能延长设备运行周期，只有实施清扫点检，并且不断维持改善，才能维持清扫后的工作成果。

三、、清扫用具：用后清洗，触手可及

清扫用具包括扫把、拖布、抹布、垃圾斗等，使用后一定要进行清洗、消毒，并放置在统一位置，不能随意乱放，不能让清扫用具成为污染的源头。

清扫工具

各种清扫工具使用完后，应该依次进行清洗或消毒，清洗后不能随意摆放，否则，不仅有损环境美观，还会给下次清扫时寻找工具增加时间。如图4－11、图4－12所示。

（1）扫把、拖把等用具应单支悬挂，手柄向上，不得触地堆放；

（2）拖把清洗后待干后悬挂，以免弄湿地板；

（3）抹布的大小要适宜，用起来顺手，应逐块挂放；

（4）扫把或抹布等应进行数量管理，不能因堆放抹布而破坏现场的整洁度。

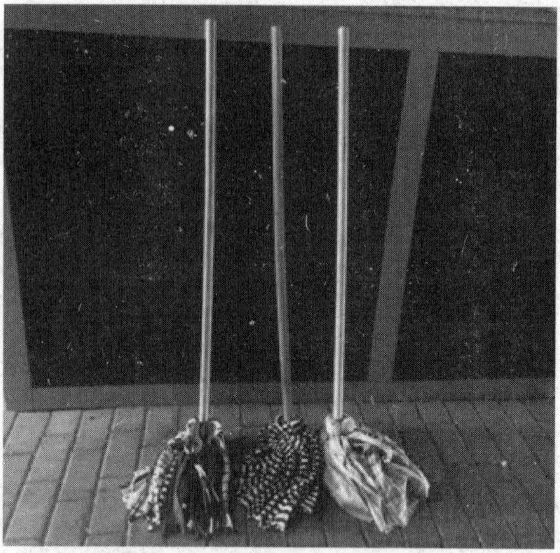

图4－11　错误的放置方法

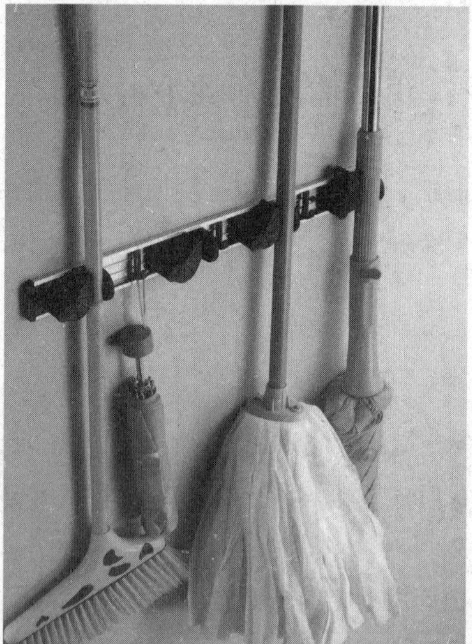

图4－12　正确的放置方法

垃圾箱

垃圾箱应该进行分类，可分为可回收垃圾（塑料、金属等）和不可回收垃圾（生活垃圾等）。注意把生活垃圾和工业垃圾分开放置，如图 4－13 所示：

图 4－13　垃圾分开放置

需要注意的是，要明确规定垃圾箱里的垃圾不能超过垃圾箱口，并及时清空，防止垃圾外溢对环境造成污染。

清洁工具就近放置原则

当我们发现地面有杂物、碎屑，想要进行打扫时，如果发现清扫工具放置过远，难免就会产生“过会儿再打扫”的想法。即使立刻打扫了，也有可能因为远距离归还打扫用具而产生惰性。实际中，很多人认为这不过是多走几步路的问题，但这种不为他人着想的做法，其后果就是导致员工对清扫活动的消极应付。

把清扫工具放在近处，尽管可能略微影响美观，但是便于员工使用，可以有效地避免工作现场出现未及时进行清洁的脏乱现象。

垃圾箱也是如此。在有些场合，作业时不断产生碎屑，为了防止碎屑飞散，可以把垃圾箱设置在作业台下面，作业时让碎屑直接落在垃圾箱里，避免产生现场凌乱。

四、以不再污染为出发点：预防清扫

清扫活动同样要注重预防，并有效规避污染源，达到治标治本的效果。

为什么又脏了

机器设备和地面脏了以后，应马上进行清扫，虽然养成了这样的习惯，但还是远远不够的，我们还应该进一步思考："为什么地面又脏了？"应该找到污染源头，采取措施，进一步切断污染源头。

地面的脏污，机械设备上的油污，到底是从哪里来的？厂长总是发出这样的感叹，尽管苦口婆心地说了多遍，还是又弄脏了。

脏了就继续清扫是一种办法，但有的清扫工作，如洗掉机械上的油是非常麻烦的，还总是重复同样的工作。这种情况绝不能长期持续下去，必须想出一个省时省力的解决方法。

在易脏的地方放一张塑料纸，脏了可以拿掉，稍微脏后可以清洗。工具架上有挂工具的钉子，可以把塑料纸直接挂在钉子上铺好。如塑料纸脏了可直接摘下扔掉换新的。这样工作场所也会干干净净，员工的工作情绪随之高涨。

图4－14就是巧用塑料纸的例子。

使用塑料纸的窍门，日常生活中还可以看到许多。如不用水洗碗盘的例子。提前在碗盘中铺一个塑料袋，用来放稀饭、米饭等。用完后把塑料袋拿掉即可，避免了重复清洁的问题。像这种巧用塑料袋的事例我们可以叫它机能分解的改善。我们明白塑料袋有两个功能：便于保存物与其他物品分开（清洁卫生）；便于保持食物的形状（构造形状）。当然对于蛋糕一类较为松软并容易产生碎屑的东西，我们只要预先在桌子上铺一张纸即可。

在碗盘的表面铺一个塑料袋就可以把两个功能分解，保持食物的形状由碗盘完成，分隔食物由塑料袋完成，发生污染的是与食物接触部分。因此，只把保持清洁卫生的功能的塑料袋扔掉即可。塑料袋有如下特点：透明、轻、薄、密封性好、可以扔掉。我们要发挥目视管理和物品构造功能分解的力量，在工作中活用它们。

图 4－14　用塑料纸预防作业指导书弄脏

转换思路，清扫的出发点

从清扫污染到基于不再污染的清扫虽然很好，但最重要的是功夫要下在“不再污染”上。

要点：地面和墙壁、机械设备脏污后清扫即“事后清扫”，到基于“不再污染”的清扫，也就是“预防清扫”能够实现吗？（见图 4－15）

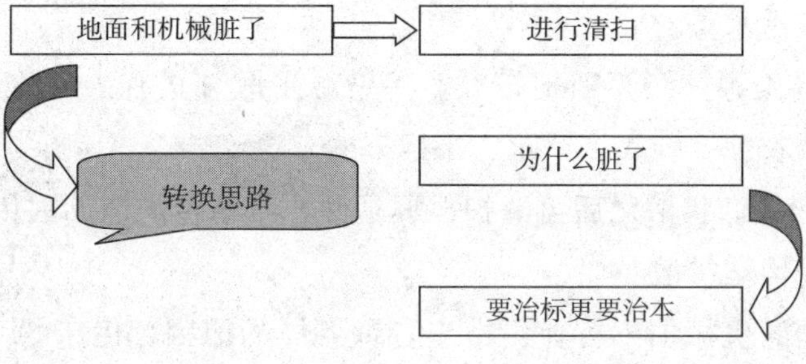

图 4－15　转换思路，关于清扫的出发点

如果不清除地面和机械的污染源，还会扩大污染或扩散污染。教训：必须清除污染源，要搞清楚污染源在哪里。

图 4－16 是一个木材加工车间。该车间的最主要污染源是木屑和灰尘。

杜绝污染源的办法是：在木材加工设备上加上排尘管道，这样机器设备加工木材所产生的木屑和灰尘，绝大部分会被管道直接抽走。这就是转换清扫的出发点。

图4－16 预防清扫

避免污染源的扩散

地面脏了，如果不管，它就具有扩散的特性，这就像空气和海洋的污染一样。首先要使污染源不能扩散（见图4－17）。

要点：

（1）这种污染是从哪里来的？工厂内的污染源有灰尘、垃圾、下脚料、油污、污水等。

（2）污染源持续不断地扩散。污染源扩散方式有：风的流动、水流、油流、人的衣服、鞋底、铲车、小推车的车轮等。

（3）污染源扩散之后再清扫，那是件非常辛苦的事，因为污染源会在不知不觉间悄然扩散。

在我国的机械加工行业，由于各种各样的原因，机床的“跑冒滴漏”是一个普遍存在的现象。大家熟视无睹，任由污染日益扩散与加重，天长日久就形成了生产现场的“脏、乱、差”。

图 4－17　防扩散

应急对策：对于能够修理的污染源，彻底解决；能根治的污染源，要以加装接油盘等方式防止污染源扩散。

根本对策：逐步淘汰落后、陈旧的设备。

控制污染源

第一，切断污染源。

窗台上飘落的灰尘不是窗台上涌出来的，地面上散落的纸屑、头发等垃圾也不是地面产生的。很多情况下污染的来源都是相似的。如果不切断污染源，仅仅是在必须清扫的时候进行大扫除，麻烦的清扫工作也就忙不胜忙。因此，要彻底切断污染源，需注意以下几点：

（1）首先要注意到灰尘、垃圾、各种碎屑、油污等污染。

（2）一看到这些污染，马上考虑它们是从哪里来的。

（3）只要搞清污染的途径，知道它们从哪里而来，就先把最容易清除的污染源搞掉。

（4）作为应急措施，先让它停止污染。

（5）找到并根除污染源。

（6）一旦根除了污染源，接下来要考虑怎样才能做到不再产生污染。

在传统机床工作过程中，切屑和冷却工件的油四处飞溅，形成污染源。在飞溅集中的部位加以圆弧形的挡板，这样既阻断了油和切屑的扩散，又不影响正常作业，这是通过改善切断污染源的好方法。如 4－18 图所示。

图4-18　防油的飞溅

第二，地上的碎屑是从哪里来的。

在机械工厂，经常看到机械加工的碎屑散落满地。这样不仅危险也影响加工精度。那么地面上的碎屑是从哪里来的呢?

要点：彻底清扫，特别是地面，地面是反映工厂管理水平的一面镜子，要一直清扫到地面闪闪发光。探寻清扫过了的地面的污染，“这种污染是从哪里来的？为什么会出现这种污染?”要时刻保持这种疑问。首先可以做一个瓦楞纸箱，罩住机械设备。尽管这样，地面仍会被污染，我们可以进一步考虑改进纸箱罩的方法。如果条件允许，也可以选择更换不易产生碎屑的机械设备。

第三，地面的油是从哪里来的。

机械加工工厂和印刷工厂地面油很多，常常会“啪嗒啪嗒”地粘鞋。这主要是从机械设备上飞溅下来的油落在地面上，久而久之形成的。积极的改善，就是要做到让地面干净到穿着袜子也可以走，而袜子却不会被污染。

要点：首先抛弃“因为生产上使用油，所以地上有油很正常，没关系”这样的观念，将走路“啪嗒啪嗒”的地面清扫干净，将地面上的油污铲掉，用洗涤剂沉淀清洗。为什么油罐要加上围墙？为什么要加接油盘?去掉围墙和接油盘后，好不容易擦出的地面又有油了，这样就可以直接找到漏油和飞溅的根源并加以解决。

第四，地面上的沙子是从哪里来的。

铸造工厂的现场，总是粗粗拉拉，好像沙漠。地上的沙是从何而来的呢?

要点：自我改正，不要对地上的沙子“视而不见”，要找到地上沙子的来源。如果是从作业台上掉落的，可以沿着作业台，在其四周做出沟槽，使沙子积聚在沟槽中，还可以在沙子容易飞散的场所竖立围墙和挡板。如图 4－19 所示。

图 4－19　防沙石

第五，让垃圾、灰尘进不来的企划和计划。

粉尘和废油等是机械设备产生的。它们是现场的一大污染源，然而同时，垃圾、灰尘、尘垢、沙子等污染源，也会从外部不断进入工厂。

要点：工厂的地面和机械设备彻底清扫，使工厂变得整洁、舒适、可爱。要保持这样的疑问：这种垃圾是从哪里来的？那种尘土是什么时候进来的？对于从外部进来的垃圾、尘土可以采取密封、闭门等措施，挡住出入口、门窗等，出入口可采用二道门、缓冲间等。同时也要采取进门先检查和清洁或换装的措施，防止人和工具等把外面的脏污带进来。如图 4－20 所示。

图 4－20　出入口

五、有错必改：常见问题与解决对策

在清扫活动中，也常会遇到各种问题：

为什么有专职的清扫人员，清扫效果却不尽如人意？

配备专职的清扫人员并不是一个好的解决方案，且无形中会增加企业的运营成本。治本的方法是，划分区域，责任到人，人人有事管，事事有人管，这样全员参与可以相互监督与促进确保清扫效果，企业又可以省去雇用专职清扫人员的成本。

公司实行全员清扫，但效果不好，怎么办？

全员清扫不一定要在同一时间大家一起干，如果没有每个人对应的区域和责任，效果不一定会好。可实行区域责任制，人人有区域，列明时间、姓名、周期、工具、方法，在对应区域的明显位置张贴可视化标签，加强员工的责任感、羞耻心。这样既可以增强清扫效果，又能让管理者在发现问题的时候，直接找到相关责任人。

员工清扫时不用心，做表面文章怎么办？

（1）可指定责任区域制度，人人有事管，事事有人管；

（2）进行培训，定期检查，随时抽查；

（3）采用清扫评分考核制度，与奖金挂钩。

清扫时总有卫生死角被忽略，怎么办？

清扫中经常会遇到这样的情况，主要是一些位置，如设备的顶端和低端、天花板、悬挂吊扇等上面的灰尘、污垢，对这些容易被忽视的角落，首先应该制定清扫要点描述，规定责任人，其次是在清扫点检、巡查中，重点检查这些角落，这样员工就会比较重视这些位置，忽略的现象就会逐渐减少，直到形成习惯。

有些地方脏得比较快，需要经常清扫，影响员工的积极性，怎么办？

这些经常脏的位置，清扫仅仅是其中的一个方面，一定要做到治标治本。在清扫过程中，一定要注意检查是否存在污染源导致这些位置经常脏，找到污染源，就会解决这一问题。如果没有污染源，员工积极性不高，就需要对员工进行教育培训，同时提高清扫的效率，避免浪费大量的时间做清扫。

清扫一定要定时进行吗？有些位置脏得比较快，怎么办？

除了每天早上 5 分钟定时清扫之外，对一些容易脏的位置，如工作台周围，可以在工作间隙进行清扫，不要等到下班后产生大量垃圾时再清扫，就像餐馆的服务员一样，一有空闲就清扫地面，在端菜的同时，顺便撤去顾客饭后的菜盘。

视频 6　如何进行清扫工作？

扫码看视频，听作者讲解清扫工作应该如何进行。

05

第五章

清洁：

提升品质，维护形象

清洁活动主要是通过制度化、规范化来维持“整理、整顿、清扫”的成果。很多企业在推行6S工作时，一开始非常积极，但经过两三个月后，又回到了最初的混乱状态。究其原因，是缺少了“清洁”这一重要环节。清洁活动的重要目的是形成制度化、标准化，且重在执行。

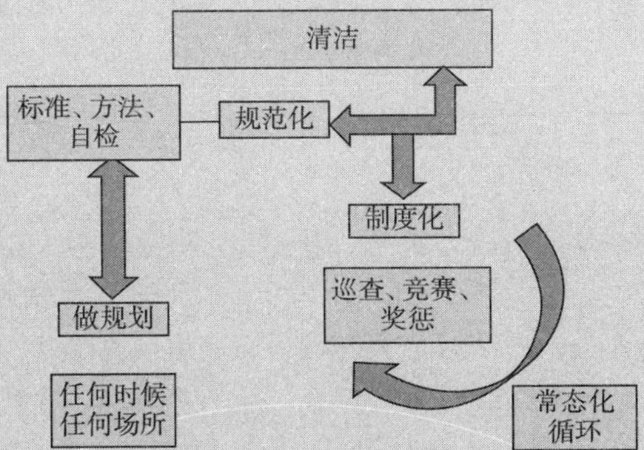

一、规范化：标准、方法、自检

清洁不应该简单从字面上理解。清洁的重要意义在于实现规范化，让一切活动有章可循。这就需要企业经过整理、整顿、清扫活动后，制定完善的标准。对前几项管理活动坚持和深入，最终创造一个良好的工作环境。

如何每天都使现场整洁

明朝时，有一个杂技班子经常在街头表演，他们有一项绝活——让跳蚤笔直地跳到预先设立的地点，并且跳跃的高度大致相同。很多人都对这个节目感到非常惊讶，好奇这个杂技班子是怎么把跳蚤训练得这么整齐划一的。原来，刚开始时，为了防止跳蚤乱蹦，杂技班子找了一根一尺高的笔直的竹管，把跳蚤罩住。跳蚤看不见，它只要跳高了就会被弹回来，往旁边跳也会被弹回来。只能一点点练习正好跳进竹管里。一段时间之后，养成了习惯，后来把竹管撤掉，跳蚤也习惯成自然了。

行为学中将这种现象称为“强化理论”，不管是人还是动物，反复多次地做一件事，就养成了习惯。所以规章制度的执行，尤其是在刚开始实施的阶段，作为管理者需要不断地对员工进行强化，直至其形成习惯。当然这需要一个基础，即规章制度本身是合理的且具有可行性。

在使清洁工作形成制度之前，我们必须每天进行清洁活动，使之成为习惯。在进行清洁活动前，我们首先要思考以下几个问题：

（1）我们周围有没有不要物？

（2）工器具能否马上使用？

（3）每天进行清扫吗？

（4）工作结束时进行收拾吗？

做到工作前使现场整洁，工作后整洁的现场，如图 5－1、5－2 所示，整洁现场要领如图5－3。

图5－1　工作前使现场整洁

图5－2　工作后整洁的现场

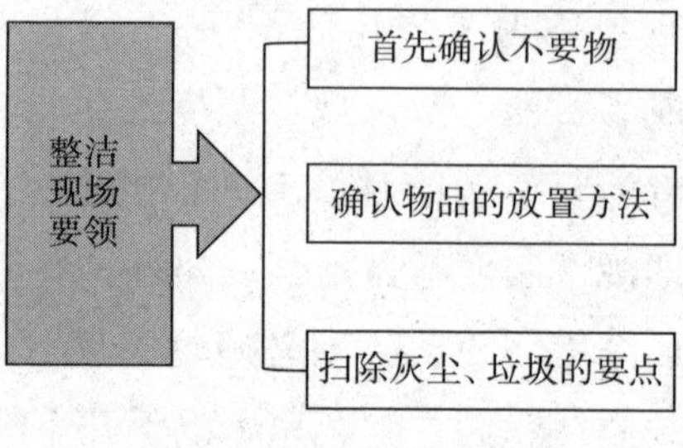

图5－3　整洁现场分领

首先确认不要物

（1）不要物确认要点。

首先确认有没有不必要的东西，红牌作战后再次确认周围有没有不要物（见表5－1）。

表5－1　现场不要物确认

	部门				
	确认者			年月日	
No.	确认要点	确认		对策	
		OK	NO		
1	物品放置场所有不要物吗				
2	通道上有东西吗				
3	没有不用的机械吗				
4	货架上没有不要物吗				
5	机械的周围、下面没有不要物吗				

（2）不要物一览表和不要空间一览表（见表5－2、表5－3）。

如果进行红牌作战，一定会产生很大数量的不要物。其处理要点如下：

①库存和设备是公司的资产；

②个人物品不能随便处理；

③制作不要物一览表及不要设备一览表；

④一定要将所有的不要物写全；

⑤与财务等各部门相关人员商量确定后再对不要物进行处理。

表5－2　不要物一览

		部门						
		作成者			年月日			
No.	品名	代号		数量	单价	全额	处理方式	
							废弃	再利用
1								
2								
3								
4								

表5－3 不要空间一览

			部门			
			作成者		年月日	
No.	空间名	管理者	面积	使用预定		备注
1						
2						
3						
4						

确认物品的放置方法

库存和工器具应该怎样放置?

首先，物品放置方法确认要点见表5－4。

表5－4 物品放置确认表

No.	确认事项	OK	NO	对策	时间
1	制品放置乱吗				
2	在制品“三定”做好了吗				
3	零部件、材料“三定”做好了吗				
4	画线有80%以上吗				
5	工器具开放放置了吗				
6	工具工装没有乱吗				
7	金属放置物一目了然吗				

第二，整顿目视表。

在6S中，在清洁活动中还可以穿插整顿活动，通过整顿、点检自己的现场，用整顿目视表检查看（见表5－5）。

（1）整顿目视表，可以作为整顿的确认表来使用；

（2）主要项目说明：

部门：对象所属部门。

分类：整顿对象的分类。

着眼点：整顿对象的着眼点。

确认：确认者巡视现场时确认。

OK：达到了标准；NO：未到达要求，需要必要的对策。

确认为“NO”时，需要记入对策改善案的完成日期。

表5－5 整顿目视表

整顿目视表						
分类	No.	着眼点	确认	对策改善案		完成日期
			OK	NO		
库存物品	1	定置点有定置看板了吗				
	2	定量表示一目了然吗				
	3	物品的放置方法：水平、平行、垂直、直角吗				
	4	定置点有立体化的余地吗				
	5	先进先出吗				
	6	有防止物品间碰撞的缓冲材料吗				
	7	有防尘措施吗				
	8	物品直接落地吗				
	9	不良品的保管有明确的地方吗				
	10	不良品放置有看板吗				
	11	不良品能看到吗				
工具工装	12	工具工装场所定了吗				
	13	定置场所有三定看板吗				
	14	工具工装的名称或代号标识清楚吗				
	15	使用频率高的在附近吗				
	16	能否按制品类别放置在工具箱内				
	17	是否按照作业程序的放置方法				
	18	有作业指导书的工具、工装在指定的场所吗				
	19	工具、工装如果乱了，放置场所本身能评定吗				
	20	定置区能防止工具工装乱吗				
	21	能有通用的吗				
	22	有没有替代手段				
	23	考虑取用方便吗				
	24	适用场所10cm内的定置点能否决定				

续表

整顿目视表						
分类	No.	着眼点	确认	对策改善案		完成日期
			OK	NO		
	25	有没有离开10步以上的				
	26	是否要弯腰去取				
	27	吊起来可以吗				
	28	即使不用看也能放回去吗				
	29	位置太宽泛吗				
	30	在使用中，不能替换吗				
	31	形迹整顿做了吗				
	32	色别整顿做了吗				
刀具	33	使用频率高的刀具放在近处吗				
	34	使用频率低的刀具是共用的吗				
	35	按产品成套放置了吗				
	36	有防止碰撞的对策吗				
	37	取放时使用斜板了吗				
	38	拿取时有没有倒斜				
	39	有没有磨刀石				
	40	刀具有防锈对策吗				
计量测具	41	放置场所有没有灰尘				
	42	放置场所有“三定”吗				
	43	有效使用期清楚吗				
	44	千分尺、千分表是否放在震动的场所				
	45	即使是很少震动的场合也铺一层缓冲材料吗				
	46	有衬套、螺丝等防止冲击的措施吗				
	47	直角尺等有吊起来防止变形吗				
油	48	油罐、加油枪、汽油口有颜色区分吗				
	49	油的种类有进行整合吗				
	50	油的放置场所有“三定”看板吗				

续表

整顿目视表						
分类	No.	着眼点	确认	对策改善案		完成日期
			OK	NO		
安全	51	通道上有放物品吗				
	52	板材等长的物品有立放吗				
	53	易倒的物品有支撑吗				
	54	物品的砌垛方法易倒吗				
	55	有限高要求吗				
	56	旋转部位有盖子吗				
	57	危险区域有栅栏吗				
	58	警戒标识清晰吗				
	59	灭火器的标识在哪儿都能看见吗				
	60	灭火器的放置方法正确吗				
	61	灭火器、消火栓前没放东西吗				
	62	交叉点有暂停标志吗				

扫除灰尘、垃圾的要点

第一，扫除确认要点：只要用手指在窗台上擦一下，大体上就能知道现场的清洁度，见表5－6。

表5－6　灰尘、垃圾确认表

	部门			
	确认者		日期	
No.	确认点	确认		对策
		OK	NO	
1	仓库内的物品上有灰尘吗			
2	零部件及货架上有灰尘吗			
3	机械上有油漆、灰尘吗			
4	机械周围有油和铁屑飞散吗			
5	通路和地面光亮吗			
6	油漆作战做过了吗			
7	工厂周围有垃圾和铁屑吗			

第二，借助清扫确认表，将库存设备空间等清扫时的确认点整理并标示出，见表5－7。

表5－7　清扫确认表

		部门				
		确认者			日期	
分类	No.	着重点	确认		对策	
			OK	NO		
库存	1	成品、半成品、材料扫灰尘了吗				
	2	切削后的产品防锈了吗				
	3	货架脏吗				
	4	半成品的放置场所脏吗				
	5	搬运工具清扫了吗				
设备	6	机械设备周围的灰尘、油渍清扫了吗				
	7	设备上（下）面的水、油、灰清扫了吗				
	8	油表的玻璃清晰吗				
	9	设备侧面制动部分和盖子上清扫油渍了吗				
	10	拆开所有的盖子和护罩清扫里面的污垢和灰尘了吗				
	11	气管、气筒、电线上的污垢清扫了吗				
	12	开关上的灰尘、油垢清除了吗？				
	13	日光灯擦拭了吗（使用柔软的布）				
	14	工具、工装上的污垢是否清除				
	15	金属类工器具是否可以看到原色				
	16	计测器具光亮吗				

续表

		部门				
		确认者			日期	
分类	No.	着重点	确认		对策	
			OK	NO		
空间	17	地面和通道上有碎石、灰尘、垃圾吗				
	18	地面和通道上的油和水清扫了吗				
	19	墙与窗的灰尘除去了吗				
	20	窗上的玻璃有灰尘和手印吗				
	21	天花板的灰尘、污垢去除了吗				
	22	柜子下面、角落等污垢清除了吗				
	23	建筑物的周围、空的容器是否干净				
	24	外墙的脏污洗掉或刷掉了吗				

这些标准一经制定，任何人都要严格遵守，管理者必须严格执行。一旦执行不力，标准就会成为一纸空文，6S活动就无法继续进行下去，前面所做的一切工作不过是一次大扫除，不能从根本上改变企业“脏乱差”的问题，管理规范更是无从谈起。

二、制度化：巡查、竞赛、奖惩

“制度是管理的基础”，对企业来说，规章制度就是“规”和“矩”，有了良好的制度，企业才能成“方”成“圆”。制度是企业稳定健康发展的保障，有制度，企业才能有执行；有制度，规范化才能推行下去。6S也不例外，要推行6S，更需要制度来保驾护航。

巡查：随时巡查，随时整改

某公司卫生巡查管理制度

一、目的

进一步加强公司的卫生工作力度，全面提高公司环境卫生质量，为员工创造一个良好的工作环境。

二、范围

本检查标准适用于所有员工。自公布之日起实施。

三、职责

1. 公司以部门为单位制定卫生分担区，由分担区责任人负责本区域卫生。各分担区要建立健全卫生值日制度，具体责任由当日值日者承担。值日人员须每天提前打扫室内卫生，每天打扫卫生一次，垃圾当日清理，督促办公室人员整理各自物品。

2. 行政部负责检查、考核，各部门自查。

3. 总经理负责抽查。

四、具体内容

（一）制度要求

1. 办公室必须全日保持清洁，室内布置有序、美观大方。

2. 要努力养成良好的卫生习惯，不乱扔纸屑、烟蒂，不随地吐痰，养成随手捡拾废弃物的习惯，远离不文明举止。

3. 在工作期间着装要朴实整洁，仪表要干净卫生，举止言谈要庄重得体。

4. 提倡用花卉美化室内，追求清淡高雅、舒适清新的效果。

5. 树立安全意识，养成离开办公室随手关门、关灯、关窗的良好习惯。

（二）办公室卫生检查标准

1. 公司资产须保持干净（主要指电脑、办公桌、椅子、沙发、地面、窗户防护栏、窗户边框、门、窗等），不得有积灰，且完好无损，须每天整理、清扫。

2. 地面清洁、无杂物、无死角。

3. 办公桌必须保持整洁，只摆放当日办公必备物品，不得摆放其他无关物品（小盆栽除外）。重要资料要妥善保管，谨防丢失。

4. 饮水机必须保持清洁，周围不堆放杂物。

5. 窗台上只能放盆花，不放其他物品。

6. 经常打开门窗通气，办公室内不准吸烟，保持室内空气清新无异味。

7. 不得有违章电器，电线、网络线整理整齐。

8. 闲置物品规整到物品应摆放的区域，当天工作用不到的不能放在办公区域。

9. 垃圾应及时清理，不得造成垃圾堆积，不能出现办公室地面有明显垃圾或垃圾桶内垃圾超过垃圾桶深度 2/3 的情况。

10. 不能工作的设备应及时处理，以保持工作环境干净、整洁。

11. 卫生工具整齐摆放，垃圾当天清理。

12. 下班后值日人员要检查门窗是否关好，电源是否切断。

（三）公共卫生区域卫生检查标准

1. 公共区域房门要保持清爽干净，窗户要保持明亮，门窗上不得有杂物，用手摸上去不得有明显积灰。

2. 卫生间马桶要保持干爽明亮，不能有明显的积垢。

3. 卫生间洗漱台应保持清爽干净，没有水垢污渍。

4. 卫生间垃圾应当日清理，不得造成垃圾堆积。

5. 公共区域地面不能有积水或明显的垃圾、污垢，墙角不能有蜘蛛网等。

6. 公共区域内集体物品应整齐放置，不能随意堆放。

7. 清洁工具整齐摆放。

五、处罚办法

违反上述禁止性规定者，情节轻微且主动及时改正的，予以口头训诫和警告。情节严重的，一次扣 0. 5 ~1 分。

处罚说明：

1. 规定本处罚目的是监督、促进工作。

2. 违反处罚规定时，必须当时将罚款交至行政部处理，并由行政部进行记录，交款人签字确认。

巡查，是保证整理、整顿、清扫、清洁推行的重要方法，与其通过教育说服来提升执行力，不如用巡查的制度来推行 6S 的执行力度。想得到什么结果，就要随时检查其过程。只要过程到位，标准执行了，结果就会顺理成章。那么，管理者巡查什么呢（表5－8）？

表5－8 巡查一览

No.	对象	内容
1	仓库	产品摆放、地面、货架、角落等
2	卫生间	镜子、洗手盆、干手器、便池、地面等
3	通道	地面、墙壁
4	生产车间	原料、设备、地面、布局、角落等
5	宿舍	地面、玻璃、床位、墙壁等
6	办公区	地面、办公桌、抽屉、电话等

查出问题之后，怎么办？

6S整改通知单（表5－9）、红牌，贴在最显眼的位置，让责任人及其同事，每天每时每刻都能看到，以起到提醒和警示作用。再次巡查时，先检查需要整改的内容。这样持续改善，又有什么问题解决不了呢？

表5－9 6S整改通知单

×车间6S整改通知单				
整改内容	责任人	完成日期	跟踪人	完成情况

竞赛：车间对比，前后对比

竞赛，能最大限度地调动员工的积极性，人人都有攀比心理，通过竞赛的方式，可以将清洁活动的效果最大化。

竞赛可以采用以下方式进行：

（1）组织评审小组，每周不定期检查各个车间、场所，评出最优场所，拍照宣示，同时请责任人在公司大会上作经验介绍。如果长期保持前三名，则可以给予一定的现金奖励。

（2）建设6S看板，把每个车间、场所以及相应的负责人照片都张贴在看板上，通过现场照片来增加员工的荣辱感，通过中国人的“面子哲学”来激发员工的内在驱动力，让员工主动自发地做好清洁工作。

具体的标准和考核方式，参看附录的6S精益管理活动竞赛管理办法。

奖惩：模范车间，模范个人

奖惩也是调动员工积极性的一个重要手段，奖励不一定是现金奖励，可以通过评选模范车间、模范个人的方式，让员工内部竞争。每一个车间、场所以及公司最明显的位置，一进门就可以看到模范车间、模范个人的奖状、照片，让相对应的责任人随时可以看在眼里、甜在心里。通过这种无形的潜移默化的影响，同样可以取得良好的效果。

惩罚也不一定是罚钱，可以学习海尔最早的模式，通过6S大脚印，让员工站在脚印上发表感想反思，自省自励。同时，还可以通过让落后的团体和个人，参观模范车间和个人的清洁效果，由此向先进看齐，等等。

此外，模范车间和个人可以通过组织代表来投票选出，这样一来可以避免管理层花费太多的时间和精力来关注，另一方面可以通过大家共同监督检查评比投票的方式，让没有做好清洁工作的个人自省，为以后做好清洁工作自省和学习。

以上三种方式，可以轮换使用，只要目的不变，每一个月或两个月换一种方式，让现场始终呈现一种清洁的状态，让清洁的现场常态化，员工清洁习惯化，让清洁管理制度化，就能带来良好的效果。

三、做好规划：任何时候、任何场所

6S活动推行最重要的是培养活动的常态化、习惯化，无论在任何时候、任何场所，员工都能够自觉遵照活动制度执行情节活动，保持工作环境的长期整洁。这就需要管理者提早做出合理的规划。

整洁、舒适是企业综合实力的体现

每个注重旅游的城市都非常注重城市的生态建设：干净的街道，道路两旁的树木，长满各种花草的公园，都是城市充满魅力的名片。企业也是如此，一个企业只有注重自身的生态，才能够展现出旺盛的发展潜力。

（1）注重整洁、舒适的生态环境是一个企业综合力的体现。工厂的生态建设在于整齐干净的车间，没有任何异味，各种设备整齐摆放，并方便查找，去掉烦琐，回归简单。在这样的工作环境下，人的心情才会顺畅，工作潜力才能尽可能地发挥出来。

（2）工厂整洁活动，在于杜绝工厂内杂乱的环境和不清楚感。具体可用“三无”来表示：无不要物，物品无杂乱，现场无污垢。持“三无”的理念并身体力行，言行一致，现场与人合一，称为“可爱”（图5－4）。

（3）为了企业长期保持清洁，我们必须养成以下习惯：预防整理、预防整顿、预防清扫，这“3S”是预防清洁最根本的方法。

图5－4　“可爱”的现场

规划要点见图5－5。

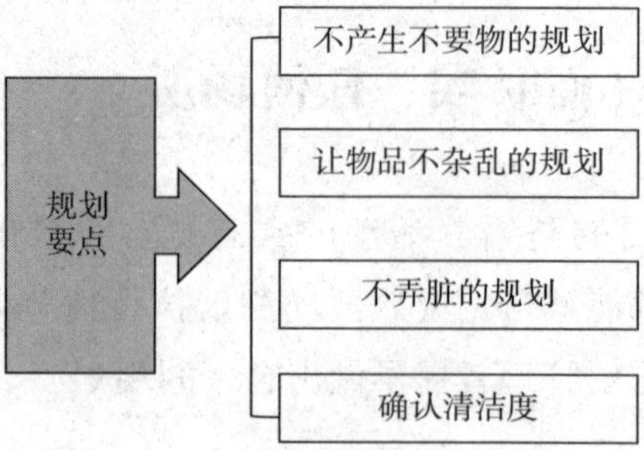

图5－5　规划要点

不产生不要物的规划

要形成整洁活动的习惯化，就要首先进行不产生不要物的管理规划。在巡视工厂的时候，简单地利用表 5－10，如得分在 7 分以下，则需要再次从整理做起。

表 5－10　预防整理确认

No.	确认项目	内容	得分		
			0	1	2
1	意识	如何理解不要物	没办法	想做	正在努力清除不要物
2	平准化	生产计划的做法	1 次/月	1 次/周	1 次/日
3	看板	订货看板，半成品看板	一块没有	使用一次	大部分在使用
4	工艺流程	生产线化，1 个流程	大部分没有	生产线化、挑战 1 个流程	大部分 1 个流程
5	入库	外包、采购、入库	1 次/月入库	1 次/周入库	1 次/日入库

让物品不杂乱的规划

“物品乱七八糟让人心乱”，所以即使很忙，心很乱，也不要使现场混乱。预防整顿是必要的。我们可以用表 5－11 进行监督确认，如得分在 7 分以下则从整顿重新开始。预防整理后的效果参见图 5－6。

表 5－11　现场整顿确认表

No.	确认项目	内容	得分		
			0	1	2
1	意识	对物品的凌乱作何感想	没办法	想做好	正在努力使其不凌乱
2	6S、“三定”	物品的放置方法，地面的“三定”，作业面的“三定”	几乎没有做	大部分做了	做得相当好
3	放置场所规则化	物品搬运出入库是否规则化	几乎没有	大部分遵守	有规定、有遵守
4	放置场所专业化	FIFO 和吊鞋	几乎没有	在哪里都能看得见	几乎都有固定位置
5	工器具	易取、易放、易管理	看不出来	在哪里都能找得到	几乎都有固定位置并遵守

图5－6　仓库的预防整理：每种物品都有自己的位置

不弄脏的规划

走进工厂，不会让客人和员工觉得工厂脏兮兮的，是很多企业追求的目标。要让工厂中没有脏的感觉，需要提早做出安排：预防清扫做了多少，通过点检来确认为好，可通过表5－12进行确认。

表5－12　预防清扫确认

No.	确认项目	内容	得分		
			0	1	2
1	意识	对于现场的脏污作何感想	没办法	想干净	正在努力清除脏污
2	地面	地面是否闪闪发光	满地都是灰尘、垃圾、碎屑和油污	还算干净	穿着白袜子走，袜子也不会脏
3	墙壁、门窗	灰尘和碎屑是否堆积	满是灰尘、积垢	每日清扫	有防止灰尘进入的方法
4	机械	油垢、噪声	发黏、黏糊、有噪声	日常清扫	清扫点检
5	不能弄脏的计划	不能弄脏的计划有多少	几乎没有	很多能看得见	有完整的计划

确认清洁度

抓住了前“3S”中预防工作的要点，通过清洁保持，就达到了一流6S工厂的清洁度，知道自己工厂的弱点、强项，扬长避短（见图5－7）。

图5－7　清洁度

当6S精益管理活动进行到预防阶段，各部门各车间从外表看上去，都已地物明朗、整整齐齐、干干净净。实际上就真的干净吗？我们要根据不同的作业要求确定清洁度等级，不要千篇一律，搞“一刀切”。要综合考虑污染度、清洁难度以及成本，以确定不同场合对清洁度的要求（见图5－8）。

看上去干净的场合，如何确定清洁度？一种有效的方法是：取一块干净的白布，在地面或设施上擦过，看白布的干净程度。

图5－8　细节清洁度

四、常态化：整洁、舒适、有序

常态化是指整洁活动是一个循环改进过程，在实际管理工作中，要建立健全测量、分析和改进体系，形成持续改进的机制。6S管理要在持续改进过程中，不能“头痛医头、脚痛医脚”，这样不能解决根本上的问题。

不要物的处理基准

“不要物很快又堆积如山了”，怎么办？这时因为企业在之前的活动中没有建立不要物的处理基准。超过“不要物处理基准”时，谁来处理？

我们要做的不仅仅是处理掉不要物，并贴红牌，并使处理流程常态化（见表5－13）。

表5－13　不要物处理流程

生产部门（车间）不要物品处理流程									
类别	No.	不要物品名称	判定人	审核人	处理原因	处置频次	处理方法	放置区域	处理部门
非固定资产类	1	下脚料（废品）	带班班长	主任	生产产生的下脚料	随时	回收销售	废品库	仓储物流部、财务部
	2	托盘			退出使用环节				
	3	报废周转筐、硬塑料制品			报废、损坏不能使用			车间通道门口	
	4	空油墨桶	印刷班长		退出使用环节			仓储简易库	
	5	过期油墨			过期				
	6	印刷版			返修、退回或报废	月	返修、入库或报废销售		
	7	外包装物品	装箱班长		不能循环使用	随时	回收销售	印刷版库	
	8	纸张、标签、原始记录等	统计	生产经理	报废、超过保存期限			仓储简易库	
	9	损坏的托盘、木质工具	清洁工	主任	损坏				
	10	废弃物（废胶带、抹布等）		门卫	废物		废弃	环卫垃圾桶	清洁工、门卫

续表

生产部门（车间）不要物品处理流程									
类别	No.	不要物品名称	判定人	审核人	处理原因	处置频次	处理方法	放置区域	处理部门
固定资产类	1	吹膜机仪表柜、主机、辅机	生产副总设备动力部生产经理	杨总	无法服务生产	半年	回收销售或改进重新使用	设备动力部简易库	设备动力部、财务部
	2	封切机仪表柜、主机、辅机							
	3	印刷机仪表柜、主机、辅机							
	4	各工序的辅助设备（膜头、红线机、彩条机、附膜机、打孔器、货架等）						设备动力部简易库、生产计划部	

物品放乱后的及时纠正

清扫工器具、工具工装摆得到处都是，对于这种情况公司怎么办？

如果放置物品的场所乱了，不管是谁注意到，都要及时纠正。负责人应随时巡视现场，检查部门内部的混乱问题（见图5－9）。

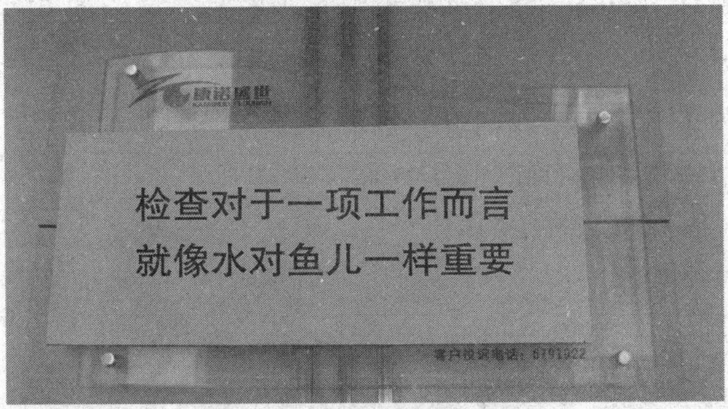

图5－9　及时的检查纠正

污染后马上进行清扫

很多企业地面和机械设备脏污以后，不能马上清扫，甚至视而不见，根本不清扫。这是没有形成清扫习惯的表现。清扫区域应该分工明确，每个清扫区域都要指定责任人，垃圾箱、切削屑箱及时倾倒，巡检队随时巡查，每个人都要多加注意，避免弄脏工作区域（见图5-10）。

图5-10　污染后马上进行清扫

确认“3S”的程度

整理、整顿、清扫这“3S”的习惯化做得怎么样？再次确认看看（见图5-11）。

整理。不要物处理基准设定了吗？按照基准进行整理了吗？

整顿。库存与工器具的混乱能一眼看出来吗？乱的地方马上进行整顿了吗？

清扫。为了避免很明显的脏污，是否能够不断进行清扫？是否能够根据脏乱程度决定清扫的时间和频率？

图5-11　确认“3S”

如何保持现场的舒适

表5－14、图5－12～图5－21是一家水产品加工企业为了保持现场的干燥所做的改善。

表5－14 如何解决车间的潮湿问题

小组组成	组长：厂长　组员：车间主任、各工序班长共7人	
问题说明：解决车间水多潮湿导致的问题		
问题	车间地面有水容易使人滑倒，危险 空气潮湿微生物易繁殖，细菌数高，产品品质风险大 现场人员感觉不好，对健康不利，不利于提高效率和士气	
原因分析：四个环节产生的车间积水		
车间入口	进入车间时水鞋消毒环节，消毒水带入车间	
消毒槽	消毒槽的下水管直接拖到车间地面上，导致水流到地面上	
消毒方法	工作期间，工人在车间内消毒时，有水滴落在车间地面	
洗刷	工器具洗刷后带水进入车间；有水洒落在车间；洗刷过程中的水进入车间	
生产过程管理	生产过程所用到的水洒落在车间	
措施及效果评估		
场所	措施	效果评价
车间入口	增加标示	起到提示作用
	添置控水架	明显
	增加进入车间的缓冲区	有效但不明显
消毒槽	消毒槽的下水管接到下水道	明显
消毒方法	消毒方法：由喷洒消毒水改为用毛巾擦	明显
洗刷	改造独立封闭洗刷间	有效但不明显
	洗刷后的工器具用毛巾擦干后再进入流通环节	明显
生产过程管理	生产过程中容器水位保持不超过八成满	明显
	有溢出的容器，溢出的水引导至下水道	明显

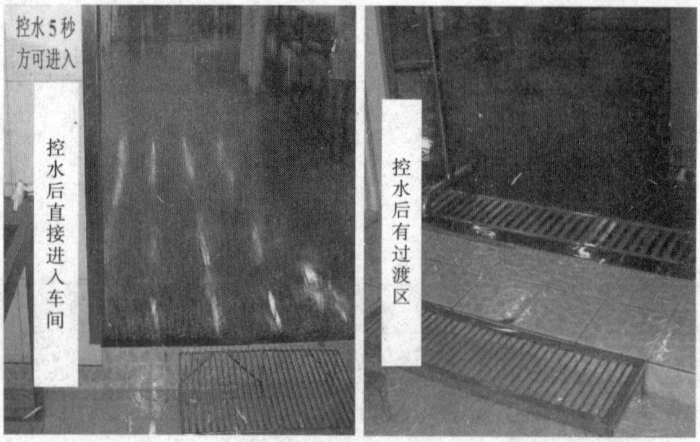

图5－12　车间入口标示及控水架

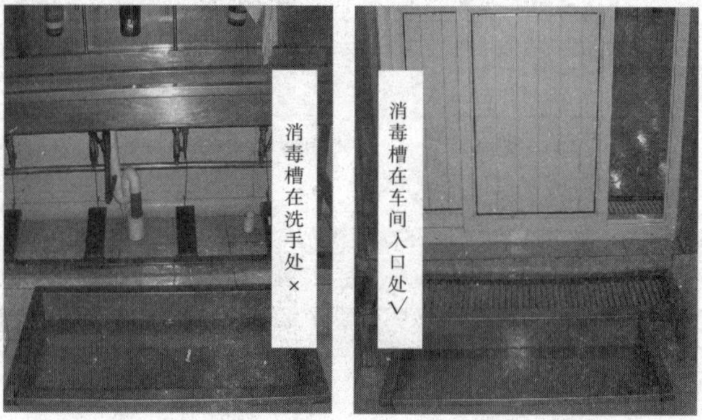

图5－13　车间入口消毒槽

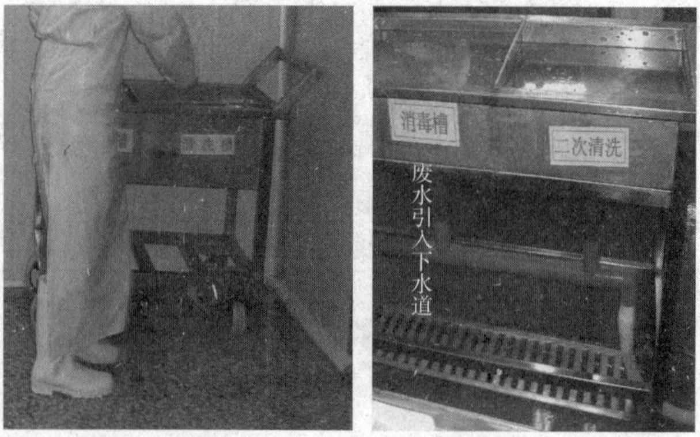

图5－14　车间消毒场所

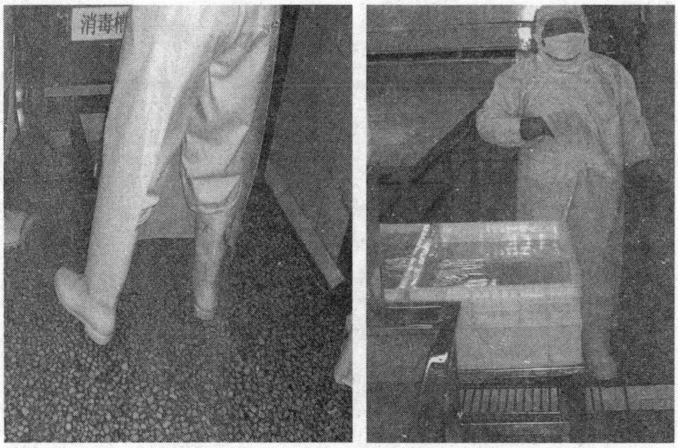

图 5－15　车间消毒方法

图 5－16　工器具洗刷

图 5－17　工器具的流通过程

图5－18　洗刷间有独立的下水道

图5－19　洗刷间人员不可随意走动

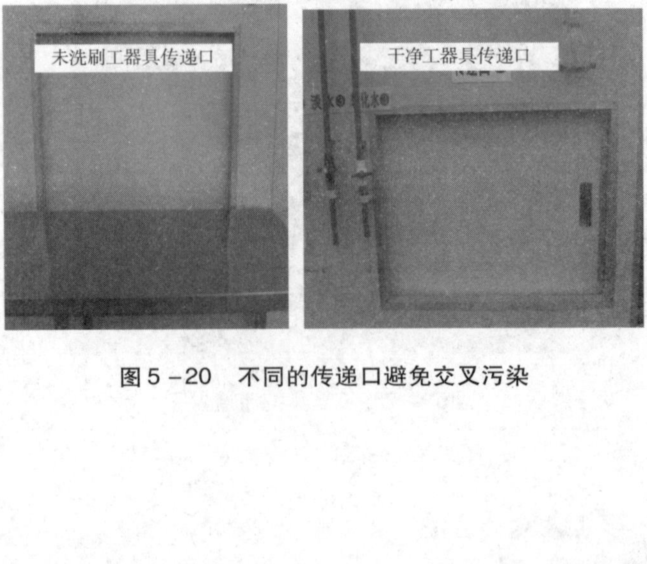

图5－20　不同的传递口避免交叉污染

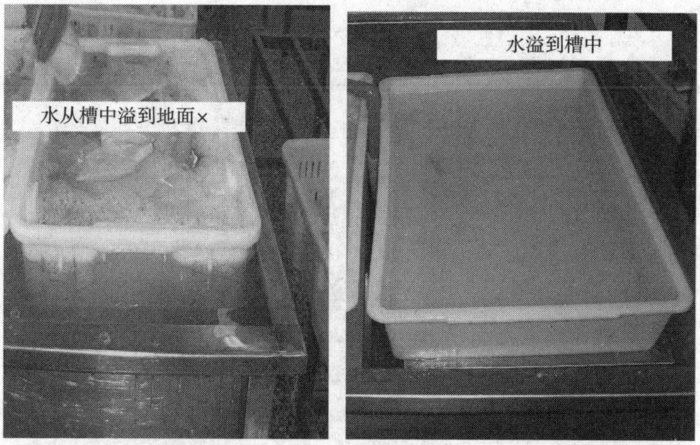

图5－21 生产过程避免水流到地面

经过这样的改善，员工和客户的满意度得到提高，产品质量和安全性明显提升，更重要的是提升了企业干部和员工改善工作环境和提高工作质量及效益的信心。

五、清洁，是企业最好的形象宣传

我们认识一个企业，往往是从它的外在形象开始的，因此塑造良好的企业形象，对企业的发展至关重要。我们完成了整理、清扫、清洁工作，能够让企业的外在形象焕然一新，进而为企业做最好的宣传。

中国的企业总是热衷于请客户到饭店吃吃喝喝，认为只要喝了酒，关系就到位了，但往往是花了大钱，也未必能够谈成什么。同样是东方社会的人情文化，日本企业和客户谈生意，都会选择企业的食堂，这是为什么呢？

如果你进入一家日本企业的食堂，你就会发现，在用餐期间，每位员工都能自觉有序地排队领取自己的饭菜，然后把饭菜端到座位后，低头开始用餐。整个就餐过程，日本人基本上做到了“食不言”。

日本企业的食堂内非常讲究整洁卫生，桌椅一般会在人们用餐之前擦干净。地面基本上没有任何食物残渣或是油渍，食堂的管理员时刻在监督着员工们用餐后有没有自觉地把碗筷放回到餐具回收站，而食堂内一般会配备饮料自动贩卖机，以节约专门贩卖饮料的人手。

所以，相较于一般的饭店，日本企业食堂的环境更安静、整洁。日本企业巧妙地通过食堂，向客户展现了企业的形象（见图 5 – 22）。

图 5 – 22　日本企业食堂

从上面的叙述中，可知清洁对一个公司有多么重要：从小处说，创造了良好的环境；从大处说，体现了企业的细节管理水平，代表了企业的形象。

实际上，一个企业的形象更体现在清洁卫生上面，如“真功夫”这样的一流餐饮企业，每一个托盘上都会放一张宣传单“看不见的厨房，也一干二净”（见图 5 – 23）。我们看到更多的是清洁细节。

图 5 – 23　真功夫——看不见的厨房，也一干二净

（1）员工清洁不马虎

每30分钟固定洗手一次，每次以专业消毒液搓洗20秒；

出现咳嗽或打喷嚏的员工严禁接触食品。

（2）食品制作好讲究

严格检查食品温度与保质期，不达标一律丢弃；

坚持生、熟用具分用，防止交叉污染。

（3）厨房卫生高标准

接触食品的厨房设备，每4小时消毒清洁一次；

不与食品接触的设备，每天清洁一次以上；

清洁毛巾专区专用。

（4）餐具消毒最周全

严格按照清洁三步进行：清洁、消毒、风干，并设专人复查。

“真功夫”的清洁细节，无疑抓住了城市白领、市民最关注的焦点，也是其成功的重要因素之一。

视频7　细节管理的本质是什么？

扫码看视频，听作者讲解细节管理的本质。

六、有错必改：常见问题与解决对策

针对整洁中容易产生的问题，我们提供了以下解决方案和对策：

如何让清洁工作标准化与规范化？

标准化与规范化是做好、做快、做久的基础，做好标准化与规范化就能形成常态化、制度化、习惯化。比如，在整理阶段，不要物的判定标准，不要物处理标准，整顿阶段的物品放置标准，清扫阶段的清扫作业指导书等，制定标准，持续操作，进而形成企业制度和文化。每个新人进来，只要照做，就很容易做好。达到这样的效果，标准化与规范化就做到位了。

制定标准化与规范化后，如何推行？

通过自我检查、巡视检查、评比检查、竞赛、6S 看板、培训等方式进行推广。

评比检查应该注意哪些事项？

第一，检查的目的是改善和改进，而不是惩罚；第二，检查的人不要太多，两三个人即可；第三，要有规范的检查表，据实填写，不走形式；第四，发现问题现场拍照，下次重点检查发生过问题的位置；第五，不定期、随时评比，避免员工检查时做清洁，不检查时不做清洁。

如何形象化地评比改善结果，从而激励员工士气？

可以采用定点摄影的方式，将清洁前后的照片进行对比，形成视觉化的冲击，用图片证明，用结果说话，让员工知道改善的效果，这是纵向对比。还可以将不同部门、个人负责的场所进行照片对比，让员工在对比中总结得失，这是横向对比。

如何让 6S 活动成为一种企业文化？

6S 看板是可视化管理的一个重要形式，以 6S 宣传栏、小黑板、电子屏幕、墙面、标语挂图等方式，放置在员工经常出入的场所，如食堂、宿舍、车间、公司大门口等，让员工在进出公司及工作中，都受到一种潜移默化的影响，进而形成企业文化。值得注意的是，看板由专人负责，经常更换，简单易懂。

如何做好 6S 活动检查工作，达到改善的最终目的？

事前辅导，事后复查。把重点放在改善方面，而不是惩罚，避免影响员工的情绪。所以，在流程上，辅导指导—检查—发现问题—改善—复查，对做得好的员工，可以采取一定的奖励、评选模范个人、公司大会介绍经验等方式来鼓励员工持续改善。

视频 8　不良习惯如何改变？良好习惯如何养成？

扫码看视频，听作者讲解如何改变不良习惯，养成良好习惯。

06

第六章

素养：

保证品质，生生不息

企业明明做了6S活动，为什么还是好两天、差两天呢？企业每天都在做6S，天天宣传6S，为什么一听说有人参观就手忙脚乱，如临大敌呢？其关键原因，还是没有养成习惯，也就是6S中的“素养”活动缺失。

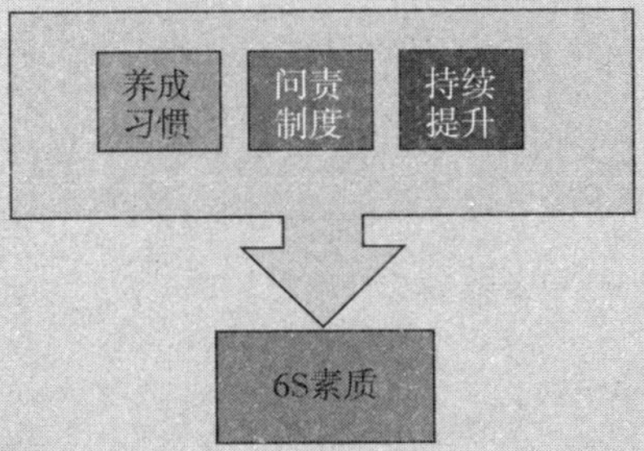

一、素养：6S 精益管理的核心

提高员工素养，是6S 精益管理的核心内容。那么，员工素养体现在哪些方面呢？又该怎样提高员工素养呢？

素养的定义

素养的定义，可参见图 6 –1。

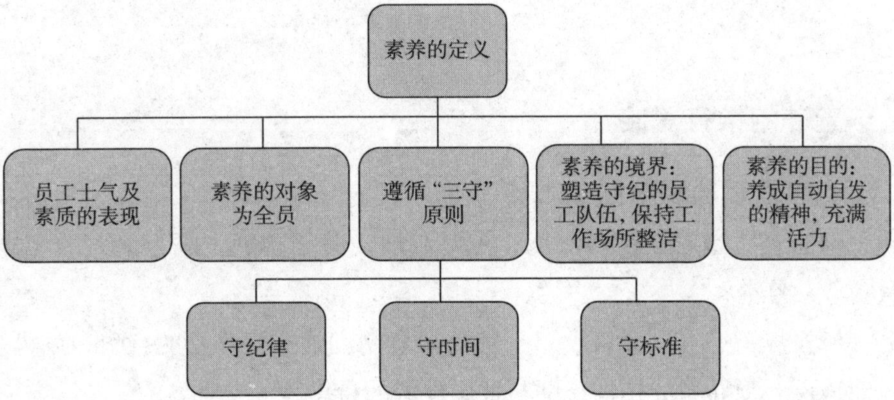

图 6 –1　素养的定义

6S 管理素养的作用

6S 管理素养的作用，可参见图 6 –2。

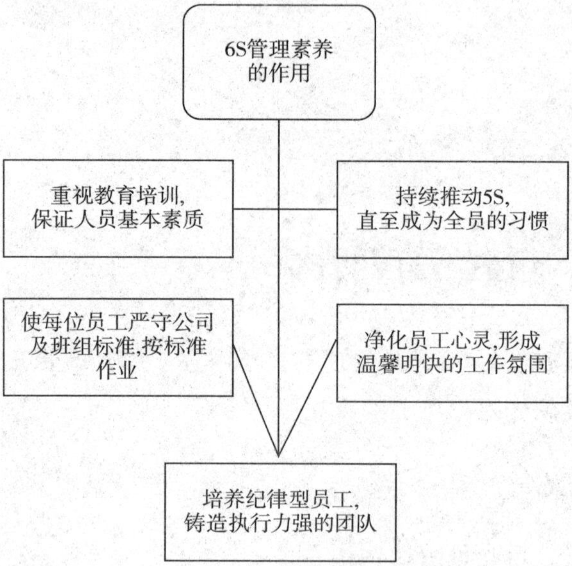

图6－2　6S管理素养的作用

素养的推行思路

6S管理素养的推行思路要点：

（1）基本过程：学习制度，理解制度，遵守制度，成为他人的榜样，具备成功修养；

（2）学好三年，学坏一日。违反规章制度是非常容易的，稍一放松就可能违反。领导者的热情帮助与被领导者的自律是非常重要的；

（3）人性管理时代的到来，需要人们有更高的合作奉献精神和职业道德；

（4）互相信任，管理公开化、透明化；

（5）勇于自我检讨反省，为他人着想，为他人服务。

注意：长期坚持，才能养成良好的习惯。

素养的推行策略

（1）制定服装、臂章、工作帽等识别标准；

（2）制定公司有关规则、规定；

（3）制定礼仪守则；

（4）教育训练（新进人员强化5S教育、实践）；

（5）推动各种精神提升活动（晨会、例行打招呼、礼貌运动等）；

（6）推动各种激励活动，遵守规章制度。

素养提升的方法参见图6－3。

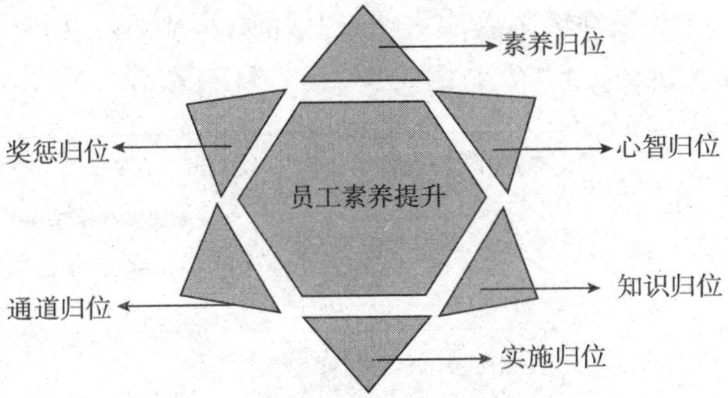

图6－3 素养提升的六元归位法

二、人对了，事就对了

6S素养活动能否开展，关键在人。让那些做事随意、差不多即可、随意违反制度、不注重公司环境卫生的人得到惩罚，让那些守纪律、守时间、守标准的行为得到激励，是选对人、做对事的前提。

人无贵贱，但素养有高低

如果我们让一个员工每天擦垃圾桶，要求每两小时必须擦一次。看一下最终的结果：

在日本丰田工厂的结果：这个工人会持续严格遵守并且在记录表上做好记录。

在中国丰田工厂的结果：这个工人起初一定会严格遵守并且在记录表上做好记录。但是，第二周他会对工作打个折扣，每4小时擦一次，但是记录会部分填上。第三周他会对工作再打折扣，一天擦一次。第四周，会继续打折扣，两天擦一次。第四周之后，干脆不擦了，但是记录会填好。再持续一段时间之后，连记录也不记了。

这就是素养高与低的差别。很多企业在推行6S的过程中，效果不是太明显，结果不是很理想，过程也不是很顺畅，总有或多或少的阻力、抱怨和反复。所以，在通过制度和规定让员工执行前面4S的同时，我们也要通过素养教育，不断激励员工养成习惯，从而使其做到自动自发。

具体的素养可以从以下方面反映出来，见图6－4。

(1) 遵守公司的相关规定
- ✓ 准时出勤，遵守时间约定（包括会议、约见客户、出货、生产等）
- ✓ 不在非吸烟区吸烟
- ✓ 维护公共环境（不制造垃圾、制止别人制造垃圾、随时做力所能及的环境清理工作等）
- ✓ 文明礼貌（着装整齐、佩戴工作证、遇到同事访客礼貌微笑等）

(2) 有良好的行为习惯和行为规范
- ✓ 按照公司标准进行作业
- ✓ 做整理、整顿、清扫等工作时，一丝不苟
- ✓ 不管有没有上级检查监督，工作始终如一
- ✓ 严格按照工作标准和流程执行，不错位、不缺位、不越位

(3) 精神面貌积极向上
- ✓ 无论个人还是工作场所，都是干净整洁
- ✓ 遇到问题积极思考，主动解决问题
- ✓ 积极向上，不找借口，主动负责
- ✓ 工作自发，态度端正
- ✓ 不断改进工作方法，提高工作效率

(4) 良好的团队氛围和企业文化
- ✓ 对工作精益求精的态度
- ✓ 对现在不断改善的力度
- ✓ 团队合作意识
- ✓ 时时处处6S的习惯

图6－4　反映素养的几个方面

素养形成的三个阶段

素养的形成分为三个阶段：形式化、行事化、习惯化。

简单来说，形式化就是6S精益管理的一些规定，都能做出来，我们常说的走形式，就是这个形式，只是短时间的行为；行事化就是公司通过前面的动作、方法、技巧等制定标准、制度和流程，让员工照着去做，形成一种企业规定和制度，让员工必须去做；习惯化就是让员工把6S活动当成吃饭、睡觉一样，成为工作中必不可少的一个方面，让员工自发去做，持

久地做。

良好的企业素养，不仅仅是通过标准、制度而形成，更重要的是一种企业文化，企业需要营造一种浓厚的具有感染力的组织氛围，人都有从众心理，当周围的人都那么做的时候，任何新人加入进来也会照着去做，这就是组织的影响力，这就是企业文化的力量。一旦形成良好的企业文化，员工就很容易被同化。人对了，事情就容易做对，给企业带来的效益和影响，是无法用数字和金钱衡量的。

三、构筑明朗化的现场

明朗化的现场能够让员工自觉规范自身行为。为了提升员工的素养，必须给员工一个明朗化的工作现场，让他们可以高效地工作。

明朗化现场的构筑要点，见图6－5。

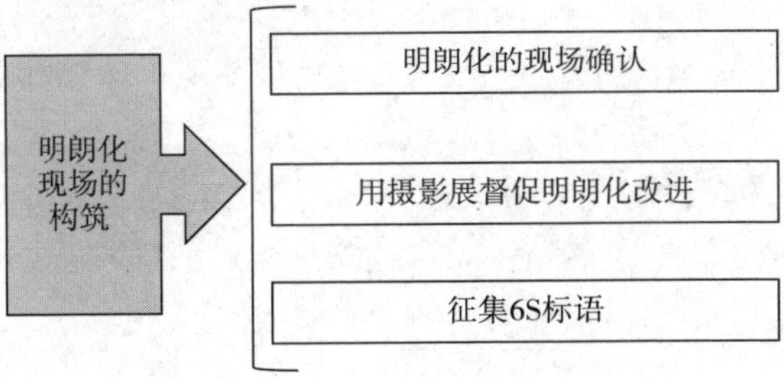

图6－5　明朗化现场的构筑

明朗化的现场确认

构筑明朗化现场应该从现场确认开始做起（见表6－1）。

表6－1　明朗化现场确认

No.	确认点	确认		对策	
		OK	NO		
1	成品仓库有“三定”吗				
2	零部件、材料有“三定”吗				

续表

No.	确认点	确认		对策	
		OK	NO		
3	工厂内不要的东西一目了然吗				
4	画线全部 OK 吗				
5	地面的颜色 OK 吗				
6	工具、工装“三定”了吗				
7	模具“三定”做好了吗				
8	现场的地面有亮光吗				
9	机械设备有亮光吗				
10	大家遵守规则了吗				

用摄影展督促明朗化改进

为了督促员工促进现场明朗化，我们在现场确认中应该对现场实行“定格”:把6S前后的照片摆在一起办一次摄影展。在“定格”过程中，我们需要注意:

（1）6S前后都要拍照；

（2）定点摄影是最基本的要求；

（3）6S成绩表前贴上6S推行前后的对比照片；

（4）对于6S成绩加以说明、评论；

（5）确定6S摄影展的展览时间和场所，通知员工；

（6）6S摄影展的场所，可选在员工集中的食堂等场所（见图6-6）。

图6-6 成果展示

征集6S标语

全员参与6S精益管理活动，每人最少一条标语，掀起一个6S精益管理活动的高潮。要点是：以公司的所有员工为对象；召开评选会，选出优秀作品；标语要加上颜色；把标语放在大家能够看得见的地方；每周交替展示。

首先，推行6S方针。

(1) 规范、保持、自律、提高。

(2) 整顿现场，自主管理，全员参与。

(3) 告别昨日，挑战自我，塑造公司新形象。

(4) 规范现场、现物，提升人的品质。

(5) 改变设备、改变人、改变环境，最终达成企业体质的根本变革。

(6) 推行6S管理、塑公司一流形象。

(7) 挑战陈规陋习，不找借口。

改善工作环境，持之以恒。

规范行为方式，日积月累。

提高自我素质，追求卓越。

(8) 于细微之处着手，塑造公司新形象。

(9) 干部以身作则，推动全员参与。

第二，树立6S目标。

(1) 对内：营造一个整洁、优美、有序、高效的工作环境。

对外：树立良好的企业形象，成为让客户感动的公司。

(2) 塑造良好的工作环境，提高生产力，减少浪费，压缩生产周期，提高柔性生产水平，塑造公司的良好形象。

(3) 第四个月各部门考核达到90分以上。

(4) 有来宾到厂参观，不必临时做准备。

(5) 地物明朗化，行为规范化。

第三，提出6S口号。

(1) 全员参与、全心投入、全力执行。

(2) 精益求精、持续改进。

(3) 该说说到、说到做到、做到有效。

第四，制定6S标语。

整理：区分物品的用途，清除不要用的东西。

整顿：必需品分区位置，明确标示，方便取用。

清扫：清除垃圾和脏污并防止污染的发生。

清洁：维持前3S的成果，保持制度化、规范化。

素养：养成良好习惯，提高整体素质。

安全：确保安全，关爱生命，以人为本。

6S效果看得见，持之永恒是关键；整理整顿做得好，工作效率步步高；清扫清洁坚持做，亮丽环境真不错；整理整顿天天做，清扫清洁时时行（见图6-7）。

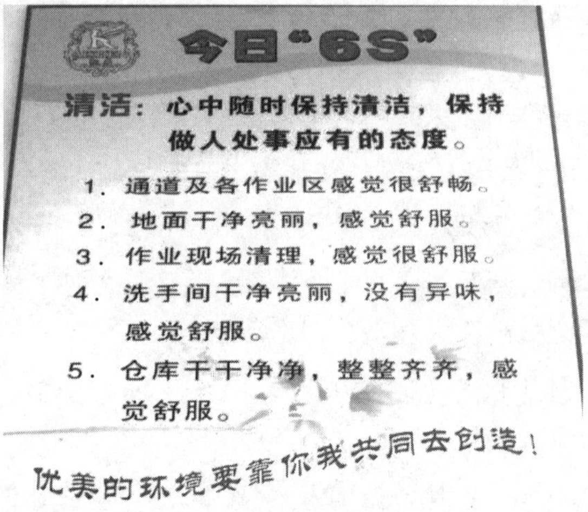

图6-7　6S标语

第五，我们再检验工厂是否真的达到了明朗化。

(1) 比以前明朗（整洁、舒适）太多了；

(2) 杂乱的现场在进行了6S精益管理活动之后，腾出了空间，变成明朗化（整洁、舒适）的工厂，但不可疏忽大意，要继续向6S固化、习惯化推进（见图6-8）。

图6－8　明朗、整洁的工厂

四、问责制度：为了素养的提高

建立问责制度，把问责当作日常管理中的一环规则化处理，为的是给素养的提高创造有利的外部条件，创造严谨的工作氛围。

从规则化到机制

有了问责机制，问责是否要规则化？如果有人不遵守规则，我们应该怎么办（见图6－9）？

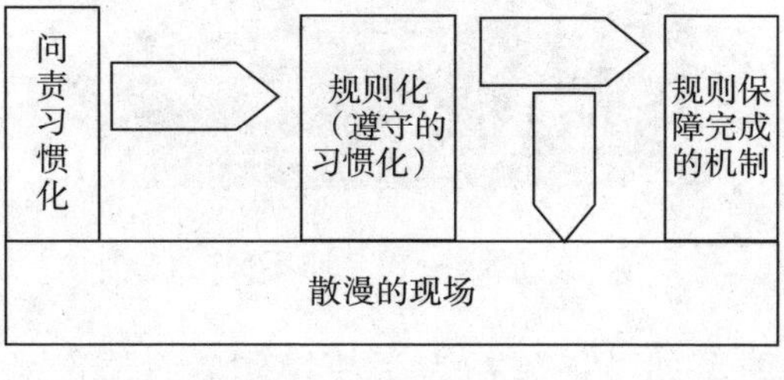

图6－9　规则化机制

（1）是否缺少部长、科长级的现场巡视次数；

（2）如果根据“三现三即三彻”形成了问责高手，被问责高手是否也已经形成；

（3）问责内容是否被规则化；

（4）所谓规则化，是要达到人们在潜意识中去遵守的标准；

（5）如果不能做到问责，则要有一个机制能够确保完成。

不良预防

人难免会出错，在生产现场，要建立防止员工出错时出现不良产品的机制（见图6－10）

（1）人难免会犯错，但是，通过教育训练能够减少犯错，这就是教育训练的目的——提高员工素养。

（2）即使出错也不至于出现不良品的机制，这是预防错误的措施。

（3）能够使用防呆的地方，尽可能采用防呆措施。

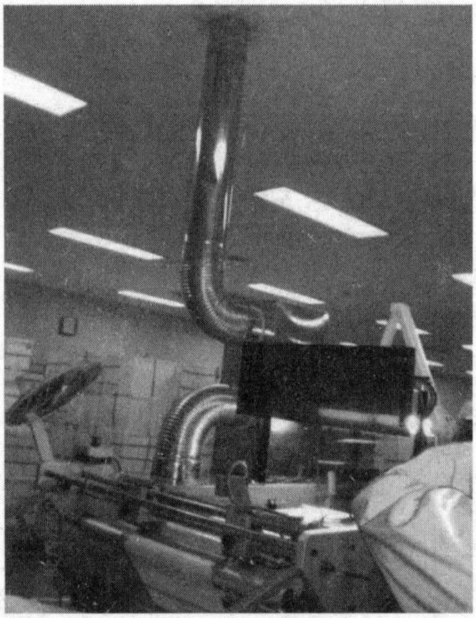

图6－10　防不良

图6－10采取了如下措施：为了使操作者看清产品而不受光线影响，在日光灯的两侧加设了遮光板；为了使操作者随时看到侧面的情况，加设了凸透镜；为了避免生产过程中产生的飞絮落在产品上，加设了除尘排风装置。

全公司素养的“冻结”

6S 活动推进月。

真正的素养是每个人内心深处产生的，而不是被别人灌输、随时提醒的，素养的形成需要长期、到位的教育，才能深入人心，成为每个员工自动自发的意识和行为。素养形成过程中，个人难免会有松懈的时候。因此，全公司要促进员工素养的“冻结”。

要点：一年中设定几次（每季度一次）全公司的6S 活动推进月。最低也需要 2 次/年。6S 活动推进月活动进行期间，要有开幕会、闭幕会、6S 研讨会以及其他丰富多彩的活动。

6S 巡视。

总经理级别的领导每月对工厂巡视一次，可以以车间为单位进行打分。

要点：商定每月第几周的星期几作为6S 巡视日。一定要有总经理和厂长这样的领导参与巡视，不能“走过场”。以车间为单位进行 6S 打分。听取车间的意见，并给予改善方向的指导和建议。

6S 竞赛。

6S 的竞赛活动应每月一次或者每年举办实施几次。可结合 6S 推进月活动来进行。

要点：定期实施 6S 巡视，6S 巡视时打分。以现场的人为主体举办 6S 竞赛活动，对评比出来的6S 优秀车间授予锦旗，适当给予奖品，以树立榜样，并以荣誉感来督促得奖的车间及个人做得更好。

6S 新闻。

要充分利用早会、班后会举行 6S 学习会。

由 6S 推进委员会收集和整理撰写 6S 新闻。每月以报栏或企业内刊的形式发布 1 ~2 次。在每期的发行日，由科长一级干部亲自将要点传达给员工。以 6S 新闻为主题，召开一个 6S 学习早会。6S 新闻的内容可包括现场的事例、员工心声、漫画等，只要有积极推进效果，不妨多开发一些大家喜闻乐见的形式（见图 6 –11）。

图6－11　6S宣传栏

五、推进素养的持续提升

没有素养的持续提升改善，6S的成果就很难保持住，因此，管理者要做的就是，在问责的前提下检讨自身的不足之处，持续推进6S活动的质量和效率。

成为问责高手

在一家包装企业，因为企业产品与食品相关，公司要求现场所有的人都必须戴帽子。就在现场辅导的过程中，我们发现一个没有按规定将头发完全罩在工作帽里的女工，陪同笔者的是企管部的杨经理、现场主管余老师，杨经理说："拍下来！"就是下面这张照片（见图6－12）。当时笔者感觉杨经理很善于问责，我没有说话。

接下来第二天培训，陪同我的仍然是企管部的杨经理，到培训室去的时候，我们上楼，正好碰到下楼梯的一个小伙子把口袋里的烟盒随手丢到了楼梯上，杨经理条件反射般地说："捡起来！"那个小伙子也马上说："不好意思，我没注意。"同时弯腰捡起了烟盒。

对于此事，我在培训的时候说，我们公司需要杨经理这样的人，他是一个问责高手，看到这些不对的事情，能够马上指出来。

到整个6S项目将要结束时，该企业工人对于戴帽子的方法、保持现场整洁、严格遵循现场作业制度等6S所要求的规章，都执行得很好。这与杨经理这样的领导善于问责以及被问责的人能够及时响应并改进分不开。

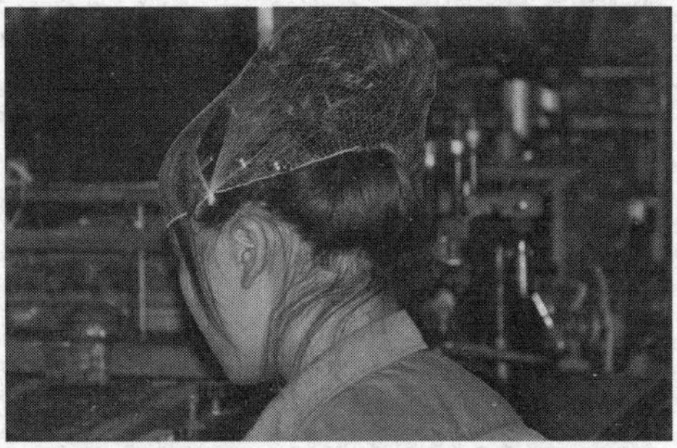

图6－12　工作帽的戴法（错误）

图6－13　工作帽的戴法（正确）

（1）素养的第一步是从问责开始。

要想打造一流的工厂，领导必须先成为问责高手。要经常自问一下：我是个问责高手吗？我的问责公正而有效吗？

地物明朗化的现场是问责高手的舞台。地面上有画线吗？有现场看板吗？物品的“三定”做好了吗？问责的基本事项包括安全方面、品质方面、作业方面。

（2）让问责建立在热爱的基础上。

管理、批评甚至问责是上司对下属的严肃的爱。不能问责下属的上司不是一个合格的上司。问责高手最应该去热爱的三要素包括：现场——热爱制造物品的舞台；制品——热爱自己所制造出来的制品；下属——热爱下属，能使其更快地成长。

（3）在什么情况下问责。

现场的物品乱七八糟，这是必须问责的。把混乱的现象和原因一起进行“三现三即三彻”的问责。三现：现场、现实、现物；三即：即时、当即、响应；三彻：彻头、彻尾、彻底（见图6－14）。

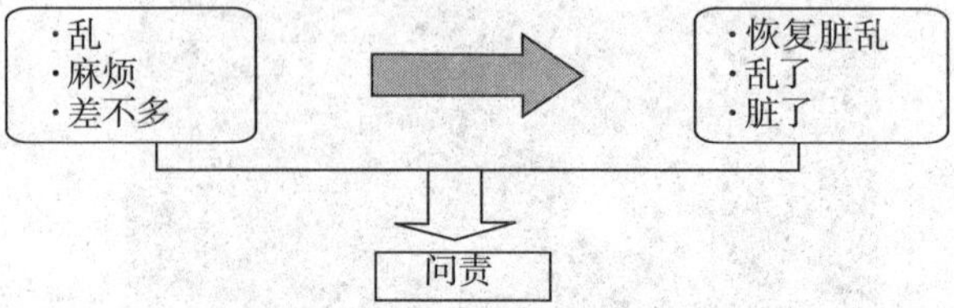

图6－14 问责

成为被问责高手

中层领导是车间主任的上司，企业高层、副总经理、总经理又是中层领导的上司。在公司制度下，人人平等，都有可能被问责。所以企业的每一个人都要认真对待问责和被问责的具体问题，要明确问题究竟在哪里，应该去问责谁，谁又应该承担问责；现场混乱时，不要问责操作者而要问责班组长；班组长是提升现场体质的责任者；班组长应对问责认真响应，现场的其他人员应对问责本身做出思考和判断，提出感想和建议。

来自上司的问责，会帮助员工提升自己的素养。被问责要马上响应，这是成为被问责高手最基本的素养和标准。被问责时“三现三即三彻”的响应，如图6－15所示。

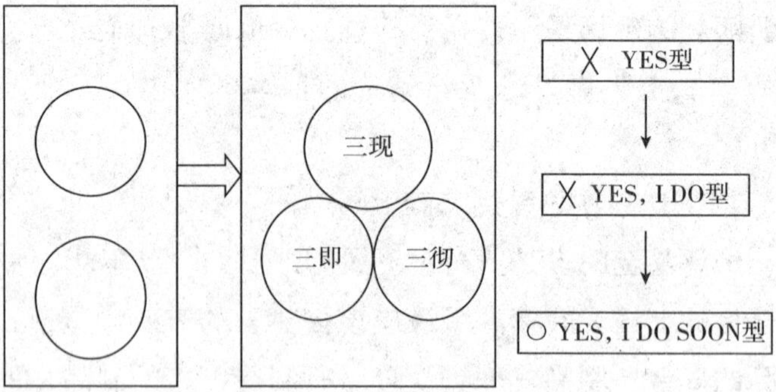

图6－15 “三现三即三彻”

视频 9　如何提升素养？

扫码看视频，如何提升员工素养，作者有话说。

六、员工素养手册

员工素养手册是企业为员工制定的行为规范，是提升员工素养的基础。很多企业都会将企业的由来、企业制度、企业文化、员工行为规范等内容集结成册，供员工学习。每一家优秀的企业，都有一套完整的员工手册。

员工素养手册应该包括以下几方面内容：

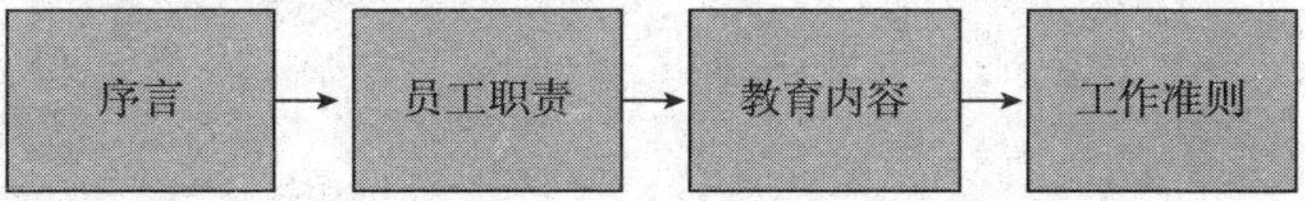

序言

公司是一个集体，大家共同工作，共同努力，都希望每天上班处在舒畅、温馨、和谐的工作环境里。因此人际关系非常重要，为了保持良好的人际关系，请谨记以下事项：

· 遵守公司规章制度；

· 对待工作认真负责，严、细、慎、实；

· 注意在语言和态度上不伤害他人；

· 坦诚倾听他人意见；

· 注意体谅他人的难处；

· 注意日常礼貌、问候；

· 对他人多用感谢、赞赏的语言。

员工职责

1. 员工素养活动的目的

1.1　促使人人有礼节、懂礼貌、守规范，进而形成优良风气，创造和睦的团队精神。

1.2　发动公司所有单位和部门全面展开5S素养活动，人人积极投入参与，使之成为公司全员日常活动。

1.3　让同事和客人有舒适感、亲切感、方便感、安全感。

2. 员工素养活动的有关定义

2.1　礼节——对他人态度的外表和行为规则，是礼貌在语言、行为、仪态方面的具体规定。

2.2　礼貌——人们之间相互表示尊重和友好行为的总称。它的第一要素就是尊敬之心。

2.3　仪表——人的外表，包括容貌、姿态、个人卫生和服饰，是人的精神状态的外在表现。

2.4　仪态——人们在交际活动、日常工作和生活中的举止所表现出来的姿态和风度。

2.5　表情——人的面部动态所流露出的情感。在给别人的印象中，表情非常重要。

3. 员工素养活动的适用范围

全公司的所有干部和员工。

教育内容

1. 工作中的职业素养

按照公司各单位《职业规范》的内容，认真履行工作中与仪容、班前班后、人事管理、生产运转、质量、工艺设定有关的规范要求。通过每个人的努力，让工作过程更加顺畅，工作配合更加协调。

生产现场的日常素养

每　天
◎正确穿着工作服，保持整洁
◎工具/物品随手归位，摆放整齐，不压线
◎物料/产品轻拿轻放，有序整齐，防止混放
◎不随地放杂物、扔垃圾或烟头，经常清扫地面
◎不能确定位置的物品放到暂放区，或作暂放标识
◎爱护公共物品，避免在墙壁、设备设施上留下刮痕和污迹
◎按要求进行日常点检，及时报告异常现象
◎遵守安全操作规程，无不安全行为
◎保持台面、桌面干净无尘，每日擦拭用过的工具/附件，去油污
◎下班前整理好台（桌）面物品并归位，关好门窗/水电器/设备，个人保管物品归位
每　周
◎进行一次工具柜整理，清理不要物
◎全面整理工作区，对暂放物进行处置
◎清点现场堆积的物料，只保留必要的量，及时退库
◎更新破损/脱落/卷角/模糊/过期的标识
◎清洁窗户、柜顶、货架等不常触及的部位
◎清洁周转用的托盘、容器和推车
不定期
◎添置工作任务相关的工装器具
◎提出改进工作效率、质量和安全的装置设施
◎及时更新信息栏内容，去掉过时和多余的张贴物
◎根据工作任务调整工具物品的定位和标识
◎经常使用礼貌用语，待人有礼有节

办公室的日常素养

每　天
◎正确穿着工作服，保持整洁
◎桌面物品随手归位，并按基准线摆放整齐
◎文件处理后及时归档，处理中的文书叠放整齐
◎经常清扫地面，不随地掉纸屑和扔烟头
◎清洁用具摆放整齐，及时倒垃圾，并保持垃圾桶（篓）本身的清洁

续表

每　天
◎擦拭台面、桌面、文件柜、窗台、电源插座和照明开关，保持清洁
◎及时清理电脑台、传真桌和茶几上临时摆放的文件、纸张和物品
◎及时清理茶几上的一次性水杯和其他物品
◎接打电话使用电话礼貌用语
◎下班前整理好桌面物品和资料，关窗、锁门、断电、停水，将个人桌面清理干净
每　周
◎进行一次文件柜和个人物品柜、抽屉整理，清理不要物
◎对办公室暂放物进行处置，办公桌椅对整齐
◎将待处理文件和临时性的参考资料处理或废弃
◎更新破损/脱落/卷角/模糊/过期的标识
◎清洁窗户、墙角、物品架等不常触及的部位
◎对电脑文件夹和文档进行整理，删除“垃圾文件”
◎整理新产生的文件资料
◎提出改进工作效率和质量的方法
◎及时更新信息栏的内容，去掉过期和多余的张贴物
◎根据工作任务调整文件/物品的定位与标识
◎经常使用礼貌用语，待人诚恳

工作准则

（1）每位员工都要有高度的责任心和事业心，处处以公司的利益为重，为公司发展出力献策。

（2）每位员工要不断学习新知识、新技术，提高个人能力，以适应公司发展的需求。

（3）每位员工都应具有良好的敬业和奉献精神，要有出满勤、干满点、高效率、快节奏的工作作风。

（4）每位员工都应自觉培养良好的心理素质，在本职岗位上体现出坚韧不拔的毅力，具备克服困难的勇气和信心。

（5）每位员工都要谦虚谨慎、团结同人，具有较强的团队合作精神和强烈的集体荣誉感，自觉为公司增光添彩。

（6）每位员工都要培养良好的职业道德和正直无私的个人品质。

（7）每位员工都要明晰目标公司的发展目标，有明确的个人奋斗目标。

七、有错必改：常见问题与解决对策

提升员工的素养，需要做哪些方面的工作？

员工的行为准则，是让员工形成共同的行为规范，提升素养，铸造企业文化的基础，也是6S活动的终极目标。公司可以根据自身的发展情况制定《语言礼仪》《电话礼仪》《行为礼仪》《员工守则》以及相关做事的标准和流程，让员工职业化、专业化。

晨会、班会有没有必要经常开？会不会浪费时间？

有人说传达文件就可以，或者张贴通知就行了，没有必要开会。这种看法对吗？班会、晨会制度，必须要有，而且必须在固定的时间开，通过会议可以展开交流、总结以及安排工作，可以在工作计划、销量、工作内容、产品品质等方面做一些交流和总结，同时可以征集员工的意见和建议，对不足的方面做出改善，有利于企业的良性发展。此外，开会期间班组长、管理者可以对员工的精神状态有一个很好的了解，对提升员工的精神面貌和素养有很大的作用。

通过改善提案可以培养员工的自主管理和自发改善，但是为什么企业明明设置了改善提案箱，却没有提案，也没有改善效果呢？

改善提案不一定需要通过提案箱，提案箱仅仅是一个方法。改善提案的目的在于告诉员工：人人都有改善的能力，事事都有改善的余地。只有通过改进—维持—进一步改进，才能真正把事情做好。要做好改善提案工作，注重实实在在的改善，有一个问题解决一个问题，多同员工聊天，了解他们的实际想法，从小的改善做起，逐步影响员工，而不是仅仅追求大的改善。

为什么通过改善提案做了改善，员工的积极性反而不高了？

第一，改善前要征询大多数人的意见，尤其是一线员工；第二，改善中要及时根据实际问题做调整，在制度上加大改进力度；第三，改善后要随时追踪员工的反馈，对反馈要及时进行回复；第四，有效的改善，一定要对建议人、改善人等做出奖励，肯定人，才能最大限度地发挥人的作用（图6－16）。

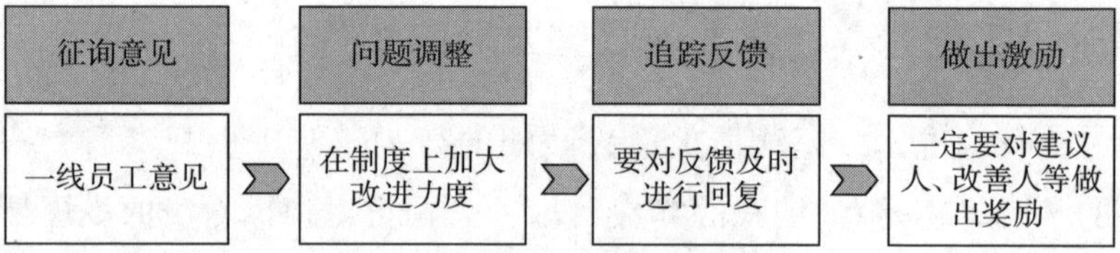

图6－16　改善提案流程

为什么管理者提出的改善提案，明明是为员工、为企业着想，员工反而不支持？俗话说，“专家在一线”。管理者在宏观层面上自然会比普通员工看得远，但是一定要尊重一线员工的意见。管理者需要多走访现场，通过现场来了解问题，提出改善，而不是主观臆断提出解决方案。在推行6S活动的同时，一定要注重走动式管理，只有更多地了解一线，询问一线员工，才能真正地发现问题的根源，而不是将改善停留在表面。

员工麻木，态度不够积极，无法发现问题，也没有提案，怎么办？

管理者自然不可能每天盯在现场，要想做出有效的改善，必须依靠一线员工。员工的态度可以通过班会、制度奖励等来提升，而员工对问题视而不见，这种情况就必须重视起来。明明有问题，为什么员工会视而不见？第一是因为习惯了，第二是因为缺乏改善或者从来没有改善过。针对这种问题，可以开展小组讨论和活动、团队之间的竞赛、现场图片呈现等方式来解决，同时，职责制度更应该长时期保留。

07

第七章

安全：

消除隐患，健康安全

没有安全，企业就没有持续发展的根本保障；没有安全防范意识和活动，就没有健康的企业环境，就会事故频发。所以，加强企业安全，增强员工的安全防范意识，是每一个企业的责任。

安全：消除一切隐患

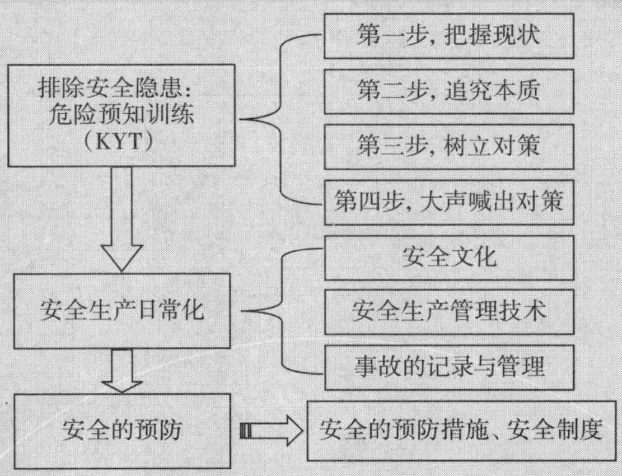

一、从小做起：安全生产无小事

无论何时，安全对企业来说都是大事。现场安全是保障员工生活幸福、工作安心以及减少企业经济损失的重要条件。企业抓安全生产，首先要从小处做起，应牢记“海因里希法则”。

海因里希法则又称“海因里希安全法则”或“海因里希事故法则”，是美国著名安全工程师海因里希提出的300∶29∶1法则（见图7－1）。这个法则的意思是：当一个企业有300个隐患或违章，必然要发生29起轻伤或故障，在这29起轻伤事故或故障中，有1起重伤、死亡或重大事故。“海因里希法则”是通过分析工伤事故的发生概率，为保险公司的经营提出的法则。这一法则完全可以用于企业的安全管理，即在一件重大的事故背后必有29件轻度的事故，还有300件潜在的隐患。可怕的是企业往往对潜在性事故毫无觉察，或是麻木不仁，结果导致无法挽回的损失。

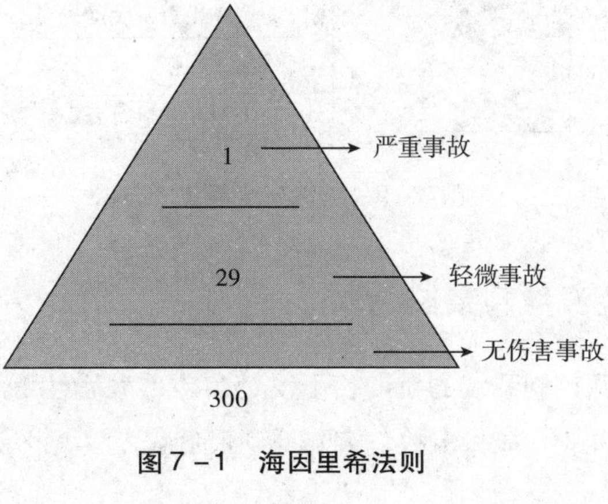

图7－1　海因里希法则

一个看似微不足道的隐患，可能会给自己、别人带来身体伤害甚至造成生命危险。

从这个法则中，我们可以明白两点：

第一，安全生产，从小处抓起，要将任何安全隐患扼杀在萌芽中。

第二，安全生产，人人有责，注重安全生产，不仅是对自己负责，更是对别人负责。

那么，如何才能有效地预防安全事故呢？这就是6S 中的安全需要解决的问题。企业可以从以下三方面着手：

（1）排除安全隐患；

（2）安全生产日常化；

（3）做好安全预防措施。

二、零容忍度：消除一切安全隐患

安全隐患是指一项活动过程中出现意外突发性事故，如严重泄漏、火灾或爆炸，其中涉及一种或多种危险物质，并导致对工人、公众或环境造成即刻的或延期的严重危害，必须消除（见图7－2）。

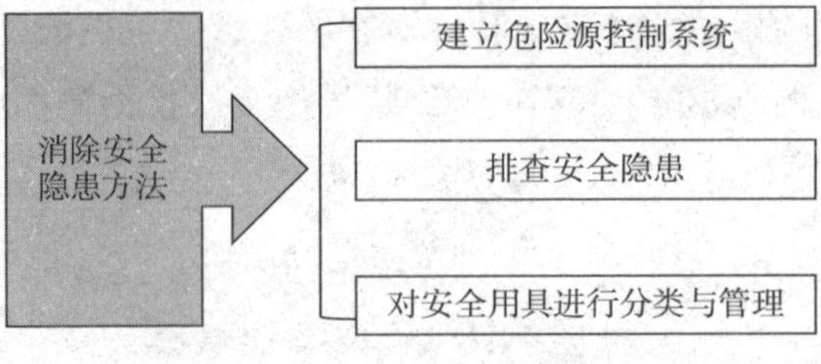

图7－2　消除安全隐患的方法

建立危险源控制系统

建立危险源控制系统的目的，不仅是预防重大恶性事故的发生，而且要做到一旦发生事故，能将事故危害降低到最低程度（见图7－3、图7－4）。

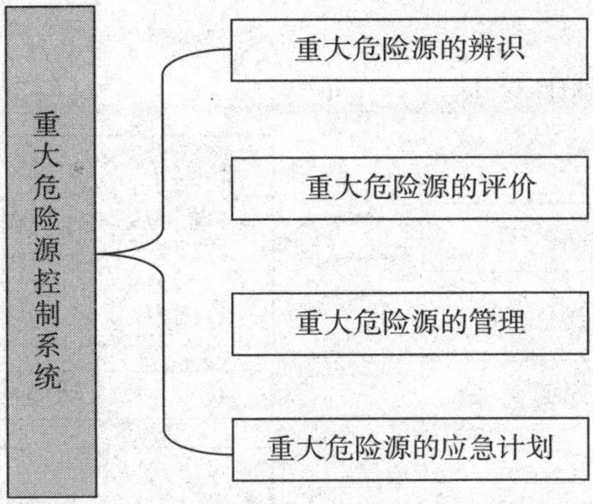

图7－3 危险源控制系统

图7－4 存在安全隐患的电闸

排查安全隐患的方法——利用危险预知训练（KYT）

危险预知训练（KYT）主要分四个步骤进行（见图7－5）：

第一步：把握现状。把握现状就是把现在所有危险的因素全部列出，可用下面的句型来描述。因为×××，所以有×××的危险。

第二步：追究本质。在第一步列出的所有危险中找出一个最危险的单列出来，因为×××，所以有×××的危险。

第三步：树立对策。根据最危险的事项，找出所有的对策：如果你是当事人怎么办？或者说如果我是当事人怎么办？要设身处地，寻找对策！把所有的对策找出来以后，再找一个切实可行的对策，多方面了解怎样才能做好。

第四步：大声喊出对策。

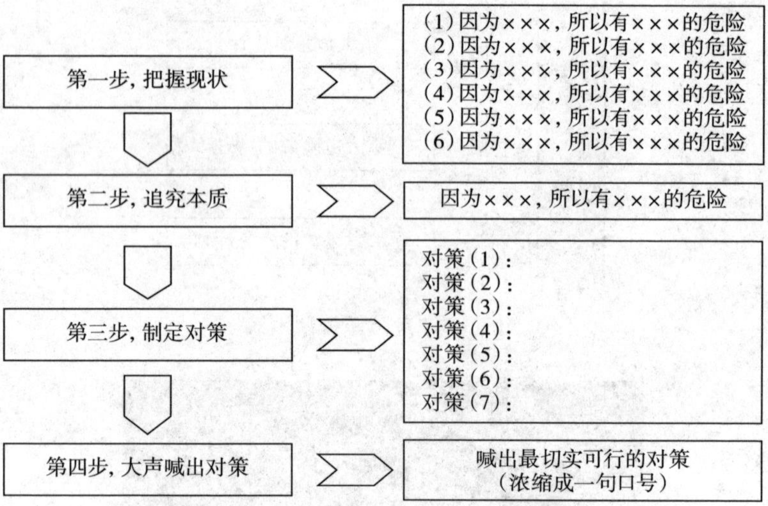

图7－5　危险预知训练（KYT）示意

我们以装卸钢筋为例，来说明危险预知训练的要点：

第一步：把握现状。

（1）因为钢筋太重，所以有滑落下来砸伤B的危险。

（2）因为A站在车厢边缘，所以有掉落下来的危险。

（3）因为车后挡板没有挡上，所以有支撑架掉落下来砸伤B的危险。

（4）因为A的手在钢筋箍附近，所以有划伤手的危险。

（5）因为B在两组钢筋之间，所以有被挤伤的危险。

第二步：追究本质。找出所有危险中最危险的。

因为A站在车厢边缘，所以有掉落下来的危险。

第三步：制定对策。

（1）挡上车旁边的挡板。

（2）A站在中间。

（3）A系上安全带。

（4）B站在同侧。

其中切实可行有效的对策是：A站在中间。

第四步：大声喊出对策。将对策浓缩成一句口号：站在中间好。小组成员围成一个圈，由小组长带领大家一起喊："站在中间好！站在中间好！站在中间好！"

对现实的生产现场进行KYT，可参看表7－1。

表7－1　KYT实用表单

步骤	行动
第一步：把握现状	（1）因为……，所以有……的危险
	（2）因为……，所以有……的危险
	（3）因为……，所以有……的危险
	（4）因为……，所以有……的危险
	（5）因为……，所以有……的危险
第二步：追究本质	因为……，所以有……的危险
第三步：制定对策	对策（1）：
	对策（2）：
	对策（3）：
	对策（4）：
	对策（5）：
第四步，大声喊出对策	

对安全用具进行分类与管理

（1）基本安全用具。

操作人员必须使用基本安全工具，才允许带电操作。基本安全用具包括绝缘夹钳、绝缘挡板、验电笔等。

（2）辅助安全用具。

这类安全用具的绝缘强度不能随电气设备的工作电压变化而变化，但是操作时使用它，可加强基本安全用具的保安作用，或用来防止跨步电压触电及弧烧伤，如绝缘手套、绝缘靴、绝缘台。

（3）劳动防护用品的种类。

劳动防护用品的种类很多，根据《安全防护用品分类与代码》的规定，我国实行以人体保护部位划分的分类标准，可分为头部防护用品、呼吸器官防护用品、眼面部防护用品、躯干防护用品、护肤用品、防坠落用品等九大类。

（4）好的劳保用品应具有的条件（见图7－6）。

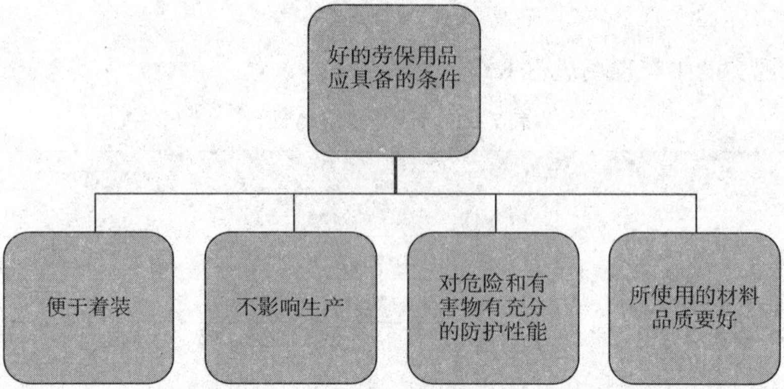

图7－6　好的劳保用品应具有的条件

（5）保管方法。

无论是多么优质的劳保用品，一旦被汗水、油污弄脏，蒙上灰尘，在使用时，就会感觉不“爽”。相反，保管时保持清洁的状态，员工就会愿意穿着；使用的时候能够保持有效的状态，使用率也会随之提高。因此，在保管上要注意以下几点：避免日照，在通风处保管，不要靠近热源，不要与腐蚀性液体、有机溶剂、油等放在一起，脏了要洗干净，晾晒好（见图7－7）。

图7－7　安全用品

安全装置及危险部位警示标志

安全装置：防护罩、防尘装置、安全颜色标牌、防止坠落标牌、防火标牌等（见图7－8、图7－9）。工厂中危险部位的警示标志主要有三类：黑黄斑马线即“老虎斑”，如公司的交通隔阻拦；防触电警示；作业危险警示，防挤压、摔伤警示等。

图7－8 危险警示

图7－9 车间常见安全标识图示（1）

图7-9　车间常见安全标识图示 (2)

图7-9　车间常见安全标志图示 (3)

三、日常化：安全生产应成为一种生活习惯

将安全生产日常化，变成公司全员的一种习惯，首先要把握安全生产的三要素：安全文化、安全生产管理技术以及事故的记录和管理。

杜邦的安全文化

杜邦公司经过200年安全文化建设的实践和理论总结，形成了杜邦企业安全文化建设与工业伤害防止和员工安全行为模型。该模型描述了杜邦企业安全文化建设过程中经历的四个不同阶段，见图7－10。

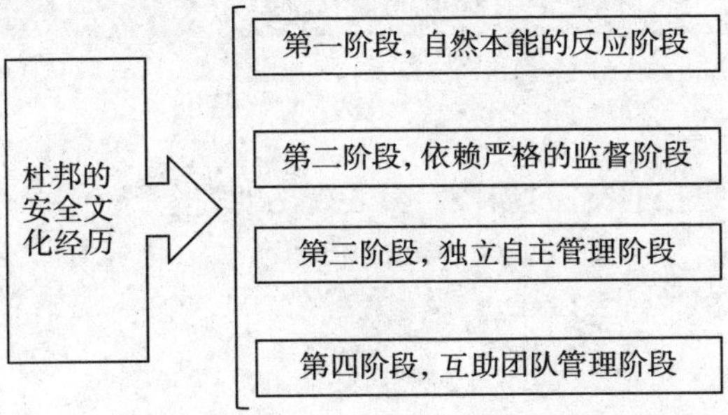

图7－10　杜邦的安全文化建设经历的四个阶段

第一阶段，自然本能的反应阶段，其特征如图7－11所示。

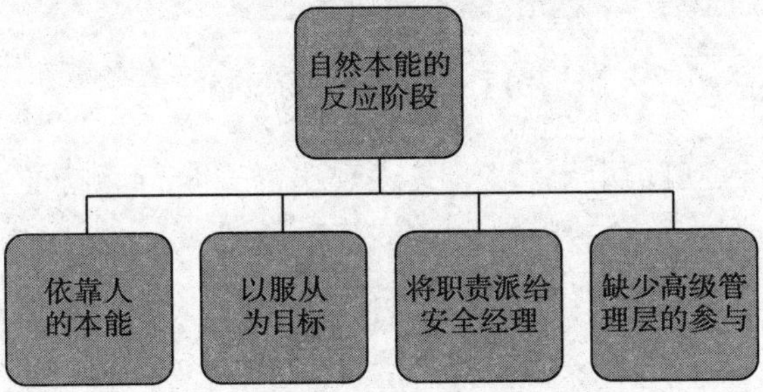

图7－11　第一阶段特色

第二阶段，依赖严格的监督阶段。其表现出的安全行为特征如图7－12所示。

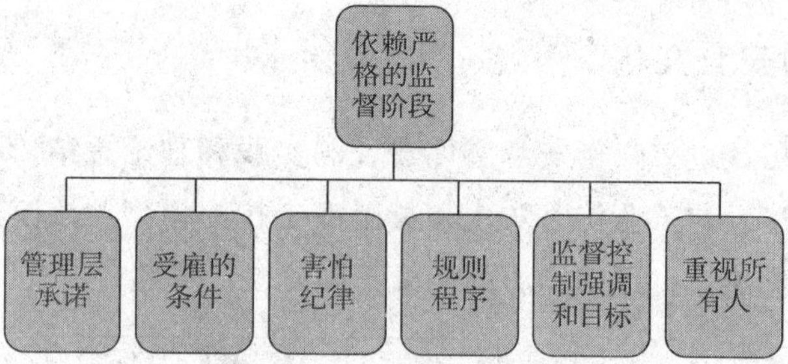

图 7－12　第二阶段特征

第三阶段，独立自主管理阶段。其表现出的安全行为特征如图 7－13 所示。

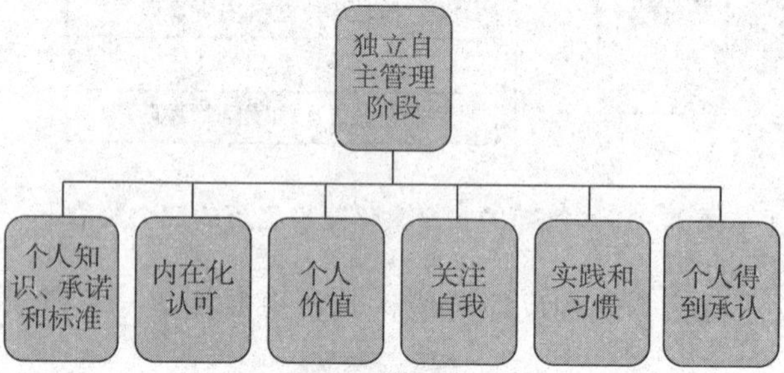

图 7－13　第三阶段特征

第四阶段，互助团队管理。其表现出的安全行为特征如图 7－14 所示。

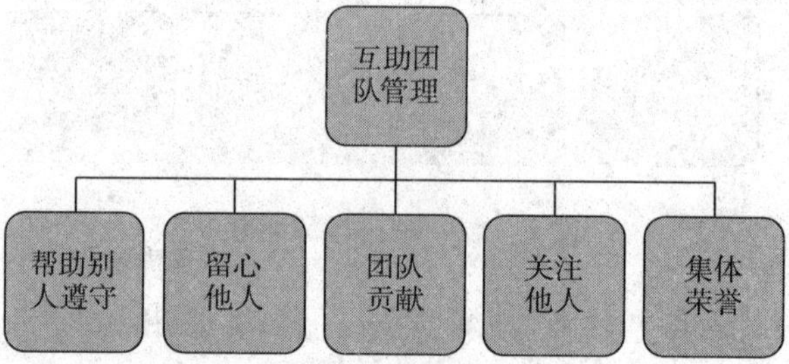

图 7－14　第四阶段特征

安全生产管理技术

安全使用基准书

有关机械运转

1. 通过操作盘开始运转时，一定要确认机械的周围没有人，没有接触其他机械，链条上没有物体等安全事项，之后方可进行操作。

2. 一般情况下，不进行驱动部分的盖子等部件的开闭、安装、摘除。另外，摘了盖子的状态下不要运转。

3. 驱动转动部分的安全盖不要随便用手接触。

4. 旋转部分不要用手接触。

5. 输送机网子及皮带等也不要用手接触。

6. 不要坐在机械上、钻到机械下面，也不要倚靠机械。

7. 各部分装置不要随便安装、拆卸。

8. 安装定位好的设备不要轻易移动。如果的确需要移动，则必须重新定位和平衡。

9. 运转中各部分基本上不进行调整。不得已进行调整时，停机后进行，在充分保证安全的基础上进行。

10. 异物在机械内部发生堵塞时，必须停机，及时除去。

11. 机械发出异常声音时要停机。

12. 不要直接用手触摸操作箱内部的配线等。

13. 停电时，一定要切断机械电源。

有关洗涤及保养

1. 直接用刷子清洗机械时，务必要停机进行。不得已一边运转一边洗时，要特别注意驱动传动部分以及搬运部分。

2. 不要直接用水洗操作盘及电动机等。

3. 进行各个装置的安装、拆卸时，要几个人一起进行。

4. 对机械进行润滑、加油等保养措施时，要停机进行。

5. 洗涤后，油槽里的水一定要擦干。

有关停机和结束

1. 按停机钮，准备进行下一次作业时，一定要确认已经停机。

2. 作业完毕后，关掉各种主阀门，切断一切电源。

其他

1. 补给机等传感器或定时器运转的机械即便在停机状态，只要主开关还开着就一定要留心，以确保人身安全。

2. 有关机械操作，要在充分理解使用说明书的基础上进行。

安全要靠技术来支撑。企业必须采用先进、可靠的技术，参照同行业的技术特点和专业的安全研究与管理机构，逐步形成适合本公司的安全生产管理技术体系，最主要的有三个方面：保证安全的标准作业指导书；进行安全事故管理；安全事故管理分析。

事故的记录与管理

安全事故案例

×年×月×日9时，加工车间刷盘处，工人李玲玲打开热水管时，放出的热水中混有大量蒸汽，热水进入与热水管道相连接的软管，软管受到冲击而在地上跳动，致使热水喷到3名工人（李玲玲、杨丽丽、孟晓霞）身上。三人均被烫伤。烫伤情况见下表。

杨丽丽与3人烫伤情况登记

姓名	烫伤部位	烫伤面积	烫伤程度
杨丽丽	右膝盖上内侧	12cm×7cm	起泡，连成一片
李玲玲	右膝盖后面	直径8cm左右	起泡，未连
孟晓霞	大腿根内侧	直径7cm左右	未去医院

事故原因：

1. 上级领导没有提醒现场的工人：现在水温超高，注意烫伤。

2. 生产、工务联系不完备，应该是：生产→工务→生产。

3. 受伤后未及时联系，如果烫伤后及时报告，也许能处理得更及时，效果也许会更好。

4. 温控设置2005年5月就出现过故障，7—8月出现过事故，却一直未作任何处理而用到现在。

5. 温控器出现故障后，工务未及时修好。

处置：

1. 联系公司车辆送医院治疗，并送到家。

2. 接报告后，通知有关部门注意。

对策：

1. 加强大家的安全意识（定期、彻底地进行）。

A. 组织观看安全视频。

B. 灵活使用。

2. 安全巡视，建立分会小组，KYT（K：危险，Y：预先知道，T：训练）。

3. 整理材料，将事故原因及处理过程记录下来，公开发布以便大家进行学习和改进。

4. 加强联系体制，各部门明确责任，各班组组织定期强化。

5. 对各种设备存在安全隐患的部位和零件进行常规性定期的检查，一旦发现问题立即排除、完善，保证设备的良性运转和使用。

6. 及时检查和确保其他设备和设施的安全性。

安全生产事故的分类

事故分类如图7－15所示。

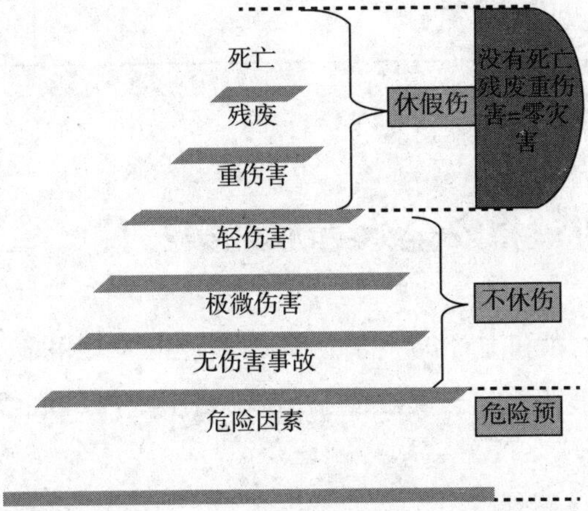

图7－15 安全生产事故的分类

安全的真意在于：防患于未然，从小处抓安全，因此，有必要做好轻微事故的记录与分析（见表7－2）。

表 7－2 重伤害报告书　　　　年　月　日

<table>
<tr><td>伤害发生年月</td><td>时间</td><td>发生地点</td><td>受伤者姓名</td><td>年龄</td><td colspan="4">所属部门</td><td colspan="4">工龄</td><td colspan="4">类别</td></tr>
<tr><td>年 月 日</td><td>时 分</td><td></td><td></td><td>岁</td><td colspan="4"></td><td colspan="4">年</td><td colspan="4">干部工人</td></tr>
<tr><td>伤害名称</td><td colspan="2">受伤部位</td><td colspan="2">症状及程度</td><td colspan="4">休息天数</td><td colspan="8">医院名</td></tr>
<tr><td></td><td colspan="2"></td><td colspan="2"></td><td colspan="4"></td><td colspan="8"></td></tr>
<tr><td colspan="5">受伤原因及发生情况</td><td colspan="12">受伤对策</td></tr>
<tr><td>不安全行为</td><td colspan="4">请记录：1. 在什么地方
2. 干什么工作
3. 怎样干
4. 存在什么样的不安全因素
5. 怎样发生的事故</td><td colspan="12" rowspan="2"></td></tr>
<tr><td>不安全状态</td><td colspan="4"></td></tr>
<tr><td>起因物体</td><td colspan="4"></td><td colspan="3">总经理</td><td colspan="3">副总</td><td colspan="3">有关人员</td><td colspan="3">记录人</td></tr>
<tr><td>确认人</td><td colspan="4"></td><td colspan="3"></td><td colspan="3"></td><td colspan="3"></td><td colspan="3"></td></tr>
</table>

四、安全预防：将安全永远放在第一位

安全是涉及生命和财产的大事，事关企业的发展和稳定。必须及早做好安全预防，坚守安全生产“红线”，筑牢安全生产“底线”，确保安全生产形势平稳可控。

安全第一的由来

“Safety First（安全第一）”的标语最早是1901年由当时世界第一的美国制钢公司董事长凯林提出的。凯林是一个虔诚的基督教徒，他想：人们同样是（上帝）神的孩子，而有的人受到如此悲惨的伤害真是惨不忍睹。凯林从多次不断的事故中总结出教训，对公司的经营方针加以改动，提出“安全第一，品质第二，产量第三”，缓和了企业与员工之间的紧张关系。这样做既保证了员工的安全，又能使品质、产量得到保证。此举在全美引

起轰动。1912 年芝加哥创立“全美安全协会”，研制了有关的安全法律草案。1917 年英国伦敦也成立了“英国安全第一协会”。从此“安全第一”的口号为许多行业部门所接受，并传遍世界各国。

1914—1917 年第一次世界大战期间，在业界普遍不景气的情况下，凯林领导的制钢公司取得了骄人的业绩。

在安全生产管理中，安全地生产包括三个重要的部分：安全的思想；危险的预知；安全生产的管控。参见图 7 - 16。

内心认可　　进行危险预知的活动　　安全生产的日常管理

图 7 - 16　日本倡导的“零灾害”运动

安全预防的措施——KYT 的深化

第一线的管理者，指导援助小组活动，是分内的业务内容，不能将活动形式化的原因转嫁给小组和个人，经常作为自己的责任，以勇敢面对的姿态，这是指导援助零灾小组活动的基本。

具体指导援助的技巧，可以从以下三个角度来看（图 7 - 17）：

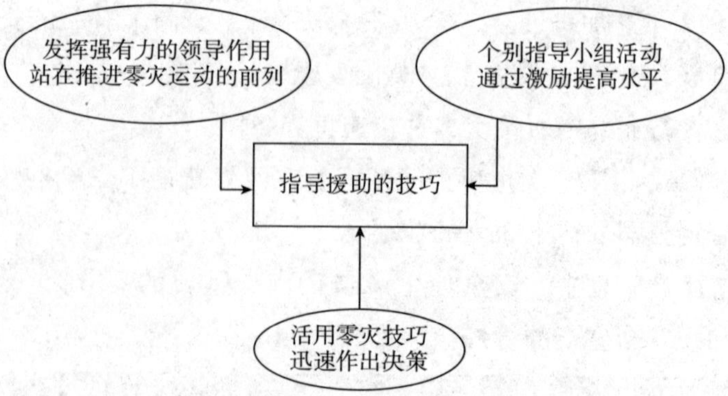

图7－17　指导援助技巧

其一，发挥强有力的领导作用，站在推进零灾运动的前列。

（1）零灾运动的推进者，理解第一线的管理者，努力研究运用的新方法，谋求从自己的车间开展运动的好方法。

（2）关于运动的教育（研修）。自己先接受研修、研究然后耐心地从基本的开始，教导训练部下，从解决身边的问题开始，尽可能地开展地道的运动。

（3）创造让部下参加零灾运动大会、研究会、研修会的机会，创造到各公司参观和交流的机会。

（4）活用素材、活用手头关于零灾运动的情报（教材、资料）和视听材料，让自己带领的车间率先成为模范车间。

（5）为了让部下理解宣传运动的重要性，管理者应站在宣传运动的前头，“用手指着大声喊”的宣传运动，安全带的使用、着装宣传等；管理者应起到带头作用。

（6）决定小组会议时间，分配预算，明确推进小组活动的进程。

其二，活用零灾技巧、迅速作出决策。

（1）管理者既是领导者，也是监督者，要率先进行自己小组的团队活动，特别是短时间会议，要率先进行。

（2）每天巡视现场，大声问候部下，并展开有效交流：一定要出声，从现场反映上来的问题，在现场要集监督者与作业者于一体，尽可能快速、正确地解决问题。

（3）每天由做决定的人（主任、厂长、部门经理）召开相关人员参加的会议，迅速地解决目前存在的问题。

（4）在日常管理活动中，进行工作指示训练、短时间会议训练，在更广的范围内活用四循环解决问题的零灾教法。

（5）小组向上级所做的汇报，一定要加以解释和及时回复，而且在一定的场合，要有马上解决的行动。

（6）及时向高层领导报告小组活动状况，争取高层的关心与支持。

其三，个别指导小组活动，通过激励提高水平。

（1）在团体中，要做到让每个成员体验发表意见的快乐，激励他们大胆发表意见，并促使他们多提建设性意见和创新的想法，通过这种方式让大家变得更积极敏锐，养成干练的作风，这其实比意见本身更重要。

（2）当一个人情绪特别低落、没有干劲、马马虎虎、敷衍塞责时，要与监督者和领导协力帮助其振作情绪，改善工作状态。

（3）严格遵守时间，礼貌得体地相互问候，正确着装，规范作业姿势等。要严格遵循车间规章，把素养放在第一位。此外，一定不要放过不安全因素，要努力让每个人都有成为模范和榜样的追求。

（4）活用零灾教法，在创新上下功夫，促进改善，让现场逐渐好起来。

（5）用手指着现场需要改进的地方，大声地把目标喊出来，通过每天会议、每天训练，使小团体提高感受和解决问题的能力。为了让大家能够迅速正确地活动，需要反复训练，零灾运动永远没有“毕业”的时候。

（6）KTY 用手指着大声喊“我们一起推进零灾”。对领导层的教育，实施同样的内容。

危险预知训练报告（见表 7－3）。

表 7－3　危险预知训练报告

编号：　　　时间：　　　地点：

小组编号：		小组名	组长	记录	发表者	其他成员
第一步：有哪些潜在的危险						

续表

小组编号：		小组名	组长	记录	发表者	其他成员

第二步：确定危险的要点，在重要的危险事项前画○，特别危险事项前画◎

No.	○ ◎	记录危险要因，因为×××会引起什么样的危险
1		
2		
3		
4		
5		
6		
7		

第三步：如果是你怎么办？寻找化解危险的对策			第四步：决定行动目标，对重点实施的项目进行评价		
No.	重要危险	具体对策	评价※	行动目标	一个要点

安全制度与安全预防

案例：某公司安全制度

安全生产教育是安全生产管理的一项主要内容，是保证安全生产的重要手段。为了提高各级领导和广大职工对安全生产方针的认识，增强搞好安全生产的责任感，提高贯彻执行安全法规以及各项安全规章制度的自觉性，使广大职工掌握安全生产的科学知识，提高安全操作技能，特制定本制度。

一、全员教育

每年进行一次。一般情况下，配合“安全生产周”进行，根据公司的实际情况采取适当的形式。

二、三级安全教育

对新入厂的工人进行公司、车间、班组安全教育。考试合格后方可上岗，考试成绩存入三级教育档案。一级教育由公司安全部门进行厂级教育，内容包括国家有关安全生产法令和规定，本公司安全生产的一般状况，企业内部特殊危险部位的介绍《安全生产细则》等。二级教育由车间负责人进行，内容包括本车间的生产概况、安全生产情况、安全注意事项、车间的危险部位等。三级教育及岗位教育是由班组长对新到岗位工作的工人进行的上岗前的安全教育。内容包括班组安全生产概况、工作性质和职责、本岗位的设备操作规程以及个人防护用品的使用方法。

没有经过三级教育或考试不合格者，绝对禁止进行独立操作。

三、调换工种教育

调换新工种由现场岗位班组长进行岗位安全教育。

四、复工教育

本岗位停工半年以上，重新上岗，由开发、品管、安全部门配合车间负责人对工人进行安全教育。

五、中层以上干部、班组长的安全教育

每季度根据公司的实际情况，采取适当的形式对中层以上干部、班组长进行一次安全教育。

六、特种作业

对接触不安全因素较多的特种作业人员，如电工、焊接工、司机、锅炉工、制冷工等，要进行专门的安全技术知识培训，并经严格考试，取得操作证后才能准许操作。

安全制度的建立，要以国家相关法律法规为核心，健全安全制度体系，并借助这个体系规范企业和职工。

1.综合安全管理制度

(1)公司员工安全生产总则
(2)安全生产责任制
(3)安全技术措施管理
(4)安全教育、安全检查、安全奖惩制度
(5)“五同时”审批管理
(6)安全检修管理
(7)事故隐患管理与监控、事故管理
(8)安全用火管理
(9)承包合同安全管理
(10)安全值班等规章制度

2.安全技术管理制度

(1)特种作业管理
(2)危险作业审批
(3)危险设备管理
(4)危险场所管理
(5)易燃易爆有毒有害物品管理
(6)厂区交通运输管理
(7)防火制度
(8)各生产岗位、各工种的安全操作规程等

3.职业卫生管理制度

(1)职业卫生管理
(2)有毒有害物质监测
(3)职业病、职业中毒管理

4.其他有关管理制度

(1)女工保护制度
(2)劳动保护用品、保健食品
(3)员工体检制度等

在做好上述制度的过程中，要注意各类安全管理资料齐全，包括计划、总结、实验报告、报表、图表和档案建立完善，内容准确，无差错，无漏项，记载及时。

五、有错必改：常见问题与解决对策

安全改善会增加公司的成本吗?

安全改善自然会增加企业的成本，但是，因为不进行改善而带来的事故，成本会更高，甚至有人会付出生命，有人在监狱中度过后半生。现在，随着劳动法的不断完善，安全事故带来的成本压力会越来越大。除了直接的安全事故成本，对企业的形象、团队士气带来的影响，更是无法用金钱来衡量。所以说，安全改善不是增加成本，而是为企业节省成本。

个别员工不愿意遵守安全规定，当面一套背后一套，怎么办?

首先分析员工为什么不愿意遵守安全规定，是安全规定不符合实际情况，即使违反了也不会影响安全，还是员工有意违反，抱以“无所谓”的态度；或者是安全规定本身太烦琐，员工不适应。如果是安全规定本身太烦琐或者不会影响安全，则可以根据实际情况做调整或者制定新的科学的安全规定；对于员工抱“无所谓”态度的，第一次进行说服教育，第二次直接调岗或辞退。

如何让人人都时刻保持安全意识?

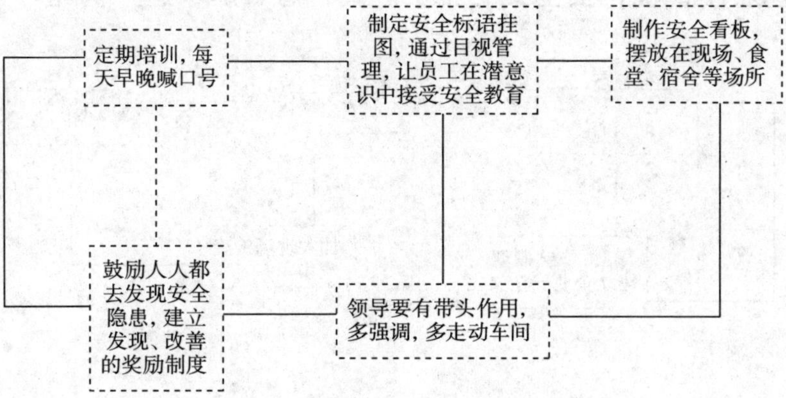

员工工作走神、疲倦、注意力分散，怎么办?

要改变这种状况，可以从以下方面进行：

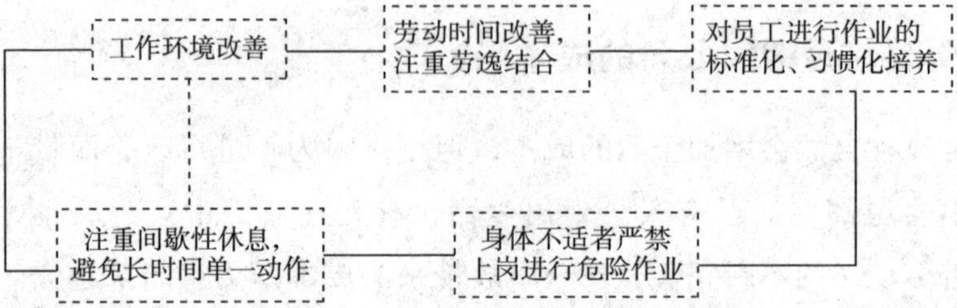

发生安全事故之后，该怎么处理?

对易出现安全事故的作业程序进行强化培训。班组、车间、全厂分别开会讨论。

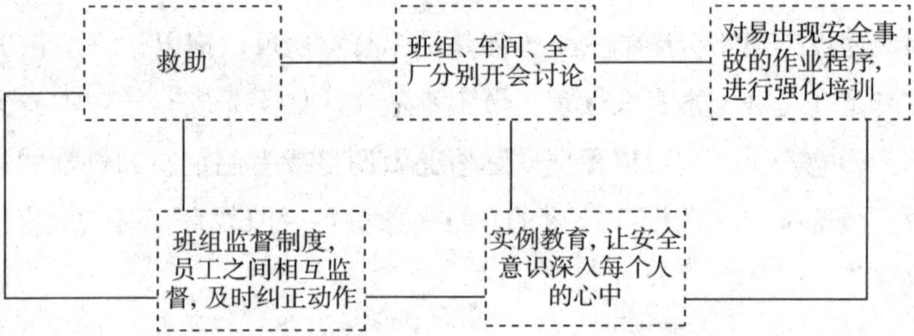

基层不重视，安全文化流于形式，怎么解决这一问题?

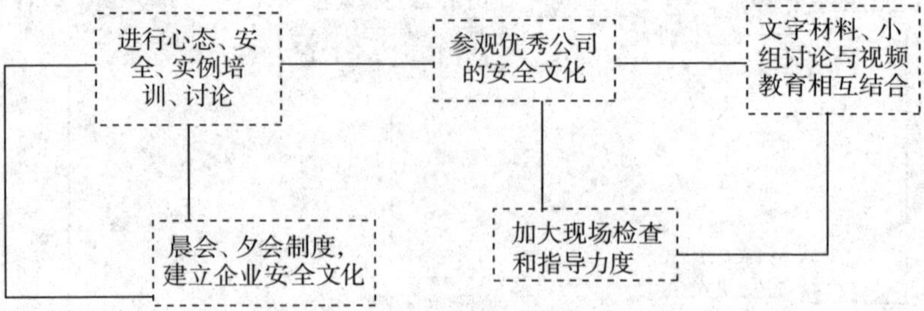

08

第八章

管理有道：

善于筹谋，成功推行

管理者不能只会发号施令，还要学会规划，为员工铺路。6S系统的改进比完成目标更为重要，所以一定要善于谋划统筹全局，在6S逐步分解的过程中找到科学的方法加以推行。

一、科学诊断：给企业把好脉

为了保证6S 活动能有效地运作，首先要对企业进行诊断，这是很重要的一点。有的企业虽然组织明确，但全员在6S 活动中并没有参与进来，这就需要提前找到问题的原因，及时解决，为6S 活动创造条件。

以客人的眼光看待自己

有一只猫照镜子，结果它在镜子里面看到自己，感觉就像狮子一样。很多企业也会这样，自我认识不清楚，明明是一只猫，结果却感觉自己像狮子。

有些企业效率比较好，比较赚钱。然而因为效率好，反而掩盖了管理的不足，所以，要清楚地认识自己。这个就是第一步，我们常常谈到的现状的诊断与评估。

为企业做诊断和评估，可以用一面比较有效的镜子：以客人的眼光来看待自己。

以客户的眼光来看我们的办公室、车间，就会比较严苛、挑剔。客人不会为你着想，而是更多地为自己着想，因此，客人认为，他心目中的标准，企业要能做到，那是理所当然的。如果我们没有做到，那我们的企业就是有问题的。所以我们要学会以客人的眼光来理性评断，来进行评估、诊断。

判断的依据，可以分为以下几个方面。

（1）现状与标准之间的差距。

如果有差距，且差距较大，就要用各种方法加以改善。要让各部门的主管，各个单位先自我诊断一下，是否可以发现，公司现状和标准有差距。

(2) 支援与帮助。

发现了问题，就要加以改善，但这个时候，单靠一个人或者几个人的力量是不够的，各部门应该相互支援、帮助，一起去纠正，所以判断6S活动能否顺利推行，跨部门协作非常重要。如果各部门之间各扫门前雪，不能完成有效协作，那么6S活动是无法推行下去的。

管理调研诊断内容

管理调研诊断内容见表8-1。

表8-1　科学诊断

诊断模块	诊断内容	诊断方式
基础信息	1. 工厂组织结构、6S管理推进小组组成	资料查证
	2. 工厂主要管理制度与流程	资料查证、现场访谈
	3. 工厂培训工作开展状况	资料查证、现场查证
	4. 员工参与合理化建议情况	资料查证、现场查证与访谈
	5. 小组改善活动开展情况	资料查证、现场查证
生产方面	1. 工厂主要生产流程、加工工艺	资料查证、现场查证
	2. 工厂生产目标以及完成情况	资料查证、现场查证与访谈
设备情况	1. 工厂设备基础信息	现场查证与访谈
	2. 工厂主要设备的运行状况	资料查证
	3. 设备维护保养制度及执行情况	现场查证与访谈
现场管理	1. 工厂现场管理状况以及生产、办公作业环境	资料查证、现场访谈
	2. 各级人员对现场管理重要程度的认识	访谈与问卷调查
	3. 对目前工厂现场管理中存在问题的自我认识	访谈及问题调查
	4. 对5S管理的理解与对6S管理项目的期望	访谈及问题调查

6S诊断报告

通过对企业各方面的诊断和评估，对于评估结果，我们还要撰写《企业诊断报告书》，提出改善方案，并写明改善结果（见图8-1）。

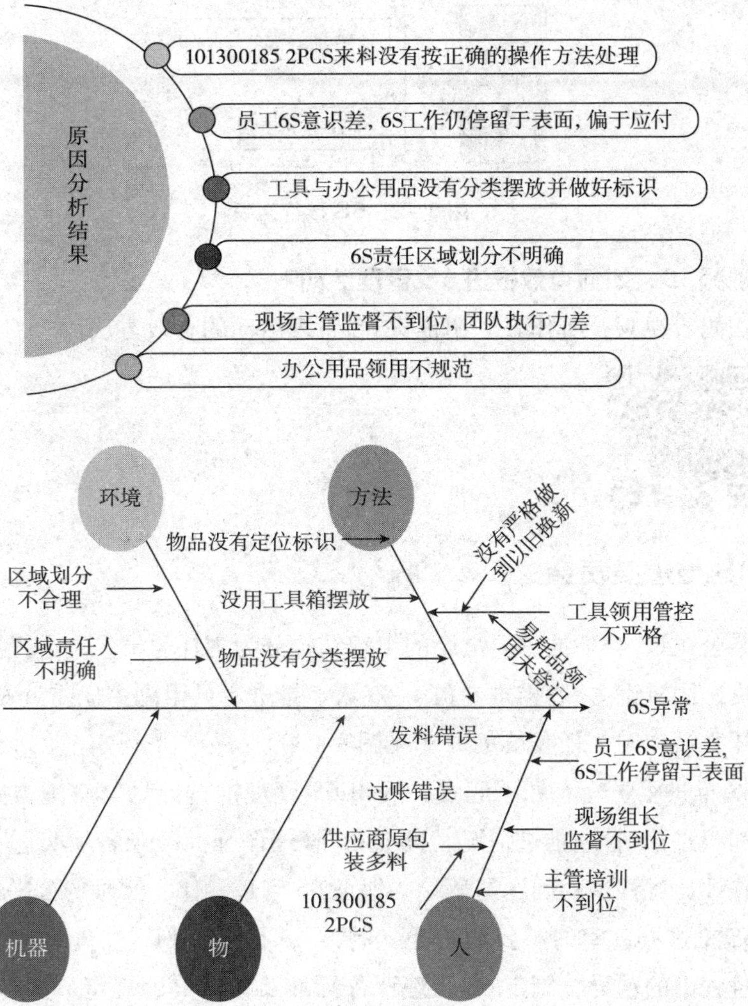

图8-1 分析问题原因，提出解决办法

二、成立推行组织，统一推行与辅导

推行任何活动都需要推行的组织，6S 活动也不例外。企业的 6S 推行组织一般为 6S 推进委员会（见图 8-2）。

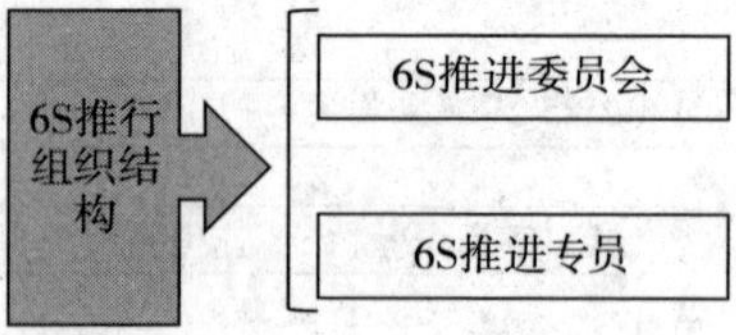

图8－2　6S推行组织

视频10　如何有效推进6S管理活动?

扫码看视频，听作者介绍推进6S管理活动的有效方法。

6S推进委员会

某公司6S管理推进委员会的组织结构分为主任委员、副主任委员、五名委员，同时设立6S推进专员1～3人。推进专员由副主任委员安排工作，对主任委员和副主任委员负责（见图8－3）。

6S推进委员会有如下职责：提出6S管理推进计划与实施方案，及时巡视和跟进6S管理推进情况，批准6S管理评分标准及各项奖惩规定，处理检查评比过程中的问题与争端，保证6S管理评比、奖励的公平性。

6S推进办公室的主要职责是：制订6S推进计划、实施方案，并进行实施过程中的辅导，制定6S管理评分标准及各项奖惩规定，参与6S管理检查评比，根据检查结果不断进行现场改善，提出推进6S管理的改善建议。

6S专员的主要职责有：对6S管理推进工作情况进行跟进、辅导，积极提出6S管理推进工作中的问题和改善建议，每周进行6S检查，检查结束后进行评比，每月汇总出分数和奖惩标准。

6S推进委员会是6S活动推进的领导性机构，负责6S活动的总体组织、计划、控制、督导工作。推进委员会主任通常由企业一把手担任，这样便于协调各部门关系，同时展示6S在企业管理中的重要性，有利于6S活动的开展。

推进委员会委员是相关副总或部门经理。6S 推进办公室是 6S 推进委员会的常设执行机构，负责对 6S 管理推进过程进行指挥和控制，对 6S 具体工作进行策划、管理、跟进、督导。也就是说，大多数6S 具体管理工作是由推进办公室进行的。

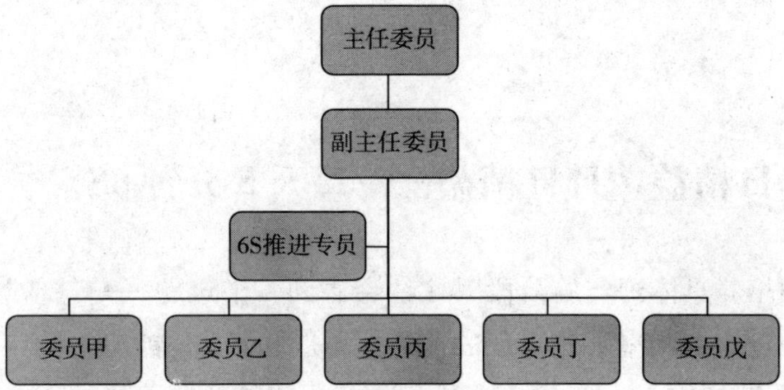

图 8－3　6S 推进委员会

6S 推进专员

很多企业并不会设立专门的 6S 推进委员会，而是任命 6S 推进专员，负责 6S 活动。6S 推进专员是一个非常重要的职务，既要具体负责 6S 管理标准、文件的制定，还要深入现场协调、口头指导，甚至亲自进行现场指导。6S 推进专员多为兼职，职位挂靠到某一部门。

6S 专员一般为 1 ~3 人，人数根据企业规模而定。6S 专员的职责是：

（1）制定相应的标准、制度、评比方法和奖惩条件等；

（2）制订推进计划，确定实施方案；

（3）主导实施 6S 管理教育训练；

（4）深入现场进行活动过程的协调、辅导；

（5）建立 6S 管理监督检查体系；

（6）宣传推进活动，记录活动过程，总结活动结果；

（7）进行日常 6S 检查。

6S 专员多由具备综合能力的人担任。

（1）6S 专员必须具有一定的文字功底，以便于进行文书、宣传、资料整理等方面的工作。

（2）具备一定的6S实战经验，便于对各部门进行6S工作的实战辅导。

（3）具备组织协调能力，能够调动各方面资源。

（4）具备积极的心态，这样当企业6S活动激情不再的时候仍然能努力推进。

三、一日精益，日日精益——每天5分钟6S

习惯培养具体到实施阶段时往往会碰到一个难题——“忘”。对付这个“忘”字，极有效、极简便的工具，便是每天5分钟6S。

20世纪90年代，日本企业纷纷进行生产精益化研修，日本产品的品质之所以优良，是因为日本人将产品的品质镶嵌在了制造过程中，每位员工都认为，确保工作品质是理所当然的事，是一种应有的习惯，做不好是一种耻辱。

“每天5分钟6S”具体如何操作呢？可以充分利用自己的日记或工作日志，也可以专门为此打印一张简单的表格，让6S的推行形成计划。每天只要记上一行就足矣。

以某一天为例。在“每天5分钟6S”上写道：“今天车间的三人检查组发现，大家在做每天5分钟6S时，某某将落在地上的油用抹布擦干净了，这在6S精益管理活动之前是从来没有的事。”

根据西方的研究，一个习惯的养成需要21天。但这21天是个平均数，有的习惯很容易养成，也许重复几次就行了；有的就比较难，尤其是对于多年养成的坏习惯，要彻底克服，也许几个月都困难。为了方便大家记忆和操作，可将培养习惯大致分为三个阶段，见图8－4。

“每天5分钟6S”的内容，可以形成文字附在个人原有的记录本上，也可以自己画一个表格，每天提醒，每天检查。

如果能用前面提到的步骤去培养各种习惯，习惯的养成就有把握了，这是符合事物循序渐进发展的客观规律的。我们再用“每天5分钟6S”进行日常提醒、监督、检查，依此模式，习惯就会渐渐养成。

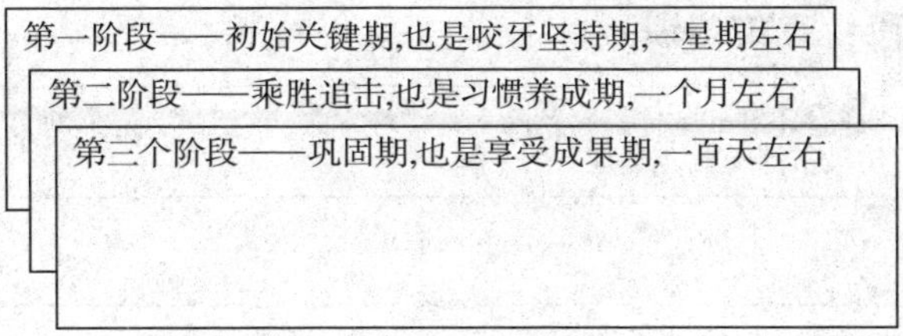

图8－4　培养习惯三阶段

如果每天每个人都能一步一个脚印地去培养各种好习惯，克服各种坏习惯，那么，补足公司的短板、突破公司的瓶颈、达成公司的目标，这一切都不会是梦想，而一定是现实。

四、事预则立：高效的6S离不开科学的推行计划

6S活动的成功推进，需要制订详细和严谨的活动计划和相应的日程，将计划公布出来，让全公司员工都知道应该在什么时间内完成什么工作，例如，什么时间进行宣传，什么时间段进行现场推行，什么时间进行总结交流，什么时候改善，等等（见图8－5）。

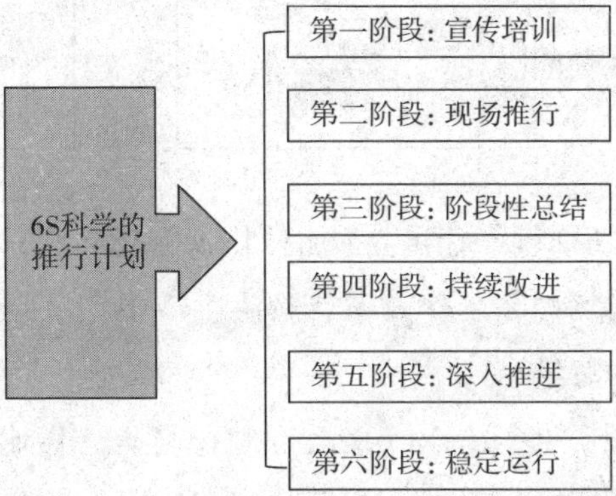

图8－5　整洁的车间

第一阶段：宣传培训

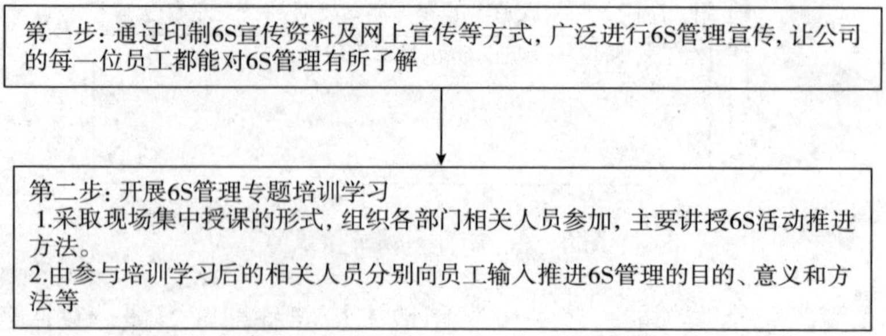

第二阶段：现场推行

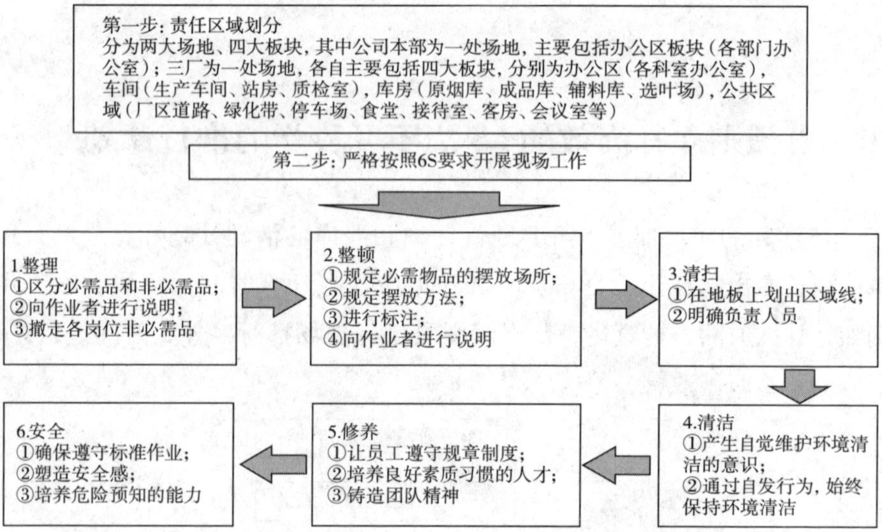

通过6S管理的现场推行，让员工认识到6S管理可以应用于生产工作的方方面面，能起到切实提高工作效率，解决生产中忙乱问题的作用。

第三阶段：阶段性总结

（1）根据统一安排，各部门对6S运行进行自查，做出阶段性运行总结，要求总结具有全面性、针对性，能反映出真实运行情况。

（2）组织全面检查，通报检查情况。

第四阶段：持续改进

（1）根据阶段性总结存在的问题，制定出整改措施，实施彻底改进。

（2）组织整改情况的检查、通报。

第五阶段：深入推进

（1）开展6S运行评比活动。根据各部门6S运行的实际情况，开展评比活动，树立先进，带动集体共同搞好6S管理。对在6S管理工作中表现优秀突出的人员和集体给予奖励；对6S管理工作不重视、效果不明显的给予通报批评。

（2）开展6S推行感想征文活动、6S知识竞赛活动。通过活动的开展，了解员工对6S管理的认知情况，进一步扩大6S管理的宣传。

（3）组织各部门之间进行互相观摹、座谈交流活动。通过交流沟通，促进相互学习，取长补短，共同进步，一起推动6S管理工作的深入开展。

（4）由6S领导小组组长对前五个阶段的工作进行总结，并下达继续运行的指令。

第六阶段：稳定运行

员工养成良好工作习惯，自觉把6S管理融入到日常工作中，确保6S管理的稳定运行要进行检查考核。

检查考核原则：日常部门（厂）自查，月度统一复查，季度统一检查。

考核：公司本部、工厂根据实际情况分别统一制定《6S查核表》，明确检查考核内容、分值、金额。

1. 日常运行检查由各部门依据《6S查核表》自行检查，在检查过程中认真做好记录。

2. 企业月度工作计划检查考核小组每月对各部门（厂）6S日常运行检查情况进行复查。

3. 每季度由企业统一安排一次6S运行的全面检查，检查结果在企业内进行通报。

通过6S管理的推进，全面提升作业场所的现场管理水平，创造一个令员工满意、顾客感动的作业环境，使员工成为一个有道德修养的公司人，使企业的环境面貌随之改观，事事有规划，社会形象积极、正面。

五、处处6S，全员6S：精益管理氛围的营造

营造精益管理氛围，要从以下三方面着手：首先是领导的行动，其次是个人态度和团队态度的形成，最后是实现全员参与。这三方面相辅相成，是企业管理氛围的三大支撑。

领导的重视体现在行动力上

某机械公司推行6S管理一年多，车间环境有了很大的进步，但只有冶炼车间每次评比名次都是倒数第一。

公司生产副总王总找来冶炼车间的刘主任，刘主任说："冶炼车间每天都会增加很多污染物，清理难度大，而现在的检查制度却搞'一刀切'，对我们不太公平。再说，我们已经很努力了。"

从案例中可以看出，刘主任并没有认真分析车间评比落后的原因，寻找改善措施，而是找借口为自己开脱。王总以及6S推进办多次督促，刘主任都没有按要求进行整改。最后王总找到公司总经理，经过商量，他们决定撤换这位刘主任。新任冯主任上任后不敢怠慢，苦干加巧干，经过两个月持续改善，车间的现场管理发生了巨大变化。

此后的6S检查中冶炼车间基本上都是名列前茅。

在6S活动推进过程中，领导不重视，6S活动一定不会成功。很多领导对6S工作不够重视，没有把6S当成企业生死攸关的大事来抓，而认为其充其量只是锦上添花。这是一个普遍现象，需要采取强有力的督导与控制措施。对于个别领导，管理层必须显示出决心与手段，甚至可以对管理人员提出"不换思想就换人"的鲜明口号，要动真格的，这将对6S管理的施行产生巨大的推动作用。

个人态度和团队态度的形成

谈到建立管理氛围，还要思考一点，就是每个人的态度是怎么形成的？一般来说，影响因素最主要有四点：

（1）资讯的影响。

平常月度或收看报纸、杂志，电视媒体的资讯，会逐渐形成一个人对外部事物的态度。

（2）他人的影响。

有句话叫作“物以类聚，人以群分”，同事之间，会因为志同道合形成一个个小圈子，只要这种小圈子是积极的，不影响正常工作，可以允许其发展。

（3）经验的影响。

以往的经验会影响到我们的态度，我们日常的工作往往都是凭借自己的工作经验来进行的。根据以往的经验，判断事物的对错，是一项重要的依据。

（4）赏罚。

我们常讲“赏罚分明”，站在公司的角度，弘扬政企的典型要大力地扶持；传播负能量，工作不积极的，要实行惩罚。在团队中，这种个人态度的差异表现得尤为鲜明。

在关注个人态度的同时，也应该关注团队态度。团队态度的第一项就是领导的态度，领导是不是认真负责，也关系到团队每一个人的态度。

笔者曾经辅导过一家企业，这家企业下面有 15 家分厂，每个分厂都有日夜班，就是有白班也有晚班，晚班干部比较少，也就是大部分干部上正常班。为了让晚班做到比较规范，公司成立了一个稽核小组。稽核小组的组长是从车间里选拔出来的，挑了一个非常尽心、非常负责任的车间主任——曲主任。曲主任是非常尽职的，他有时候 1 点钟起来巡查，有时候 3 点钟起来巡查。搞得各个分厂都不清楚曲主任什么时候会去分厂巡查。最后大家想这样就可以了：反正我们把它通通做好，不管他什么时候来，我们都做到最好的状态。

第二个团队的态度是心理的动态，也就是团队能否凝聚共识，心往一处想，劲儿往一处使。

第三是学习，整个团队一定要善于学习，才会形成积极正面的态度。

个人态度和团队态度的结合，或者说形成的共识最大化，就无形中形成了理念和准则：

"无形"的理念和准则：

- 准则一：公司的利益高于一切。
- 准则二：每天进步一点点。
- 准则三：规范就是权。
- 准则四：注意对细节的把握。
- 准则五：尊严来自于认真。

这样的理念准则深入到每个人心里，深入到每个人的思想里，就会变成自己的行为，变成自己的习惯，才会形成整个6S积极向上的氛围。

实现全员参与

企业管理者在巡视过程中，要和员工多进行沟通，员工会切切实实地感受到公司的关注，公司的重视程度。因此，适时地和员工进行沟通，和员工进行交流，对员工进行鼓励、指导，是非常重要的。所以，主管经常性地进行职场巡视，很重要。

要实现6S目标的一个关键是全员的参与，千万不要片面地认为，6S活动靠的是推行小组、推行委员会，或者是主管的事情，必须要做到全员参与管理活动。

我们提倡6S的"三全"管理，即全员参与、全过程支持、全系统的立体管理。所以，至少要做好两方面的工作：第一，每个人都要有明确的6S的职责；第二，全员参与实施，共同创造变化。

视频11　管理者在6S活动中应该扮演怎样的角色？

扫码看视频，管理者在6S活动中应该扮演怎样的角色，听听作者怎么说。

六、6S 活动成功和失败的注意要点

有可能造成6S 管理活动失败的原因有以下几个，见表 8－2。

表 8－2　造成 6S 管理活动失败的原因

问题	注意要点
高层不支持	高层的重视程度，是我们这个活动顺利进行的决定因素。如果高层不支持，只是一些部门主管的意愿，觉得推行 6S 对部门管理、公司管理很重要，则注定会失败
中层不配合	中层本来就很辛苦，上压下抵。中层存在着惰性带，什么是惰性带呢？就是一些理念、一些要求、一些管理活动到这个地方就没有反应了。所以中层不配合，6S 也是无法开展的
基层抵制	基层对整个 6S 管理活动的目的、好处、推行要领、推行的步骤、推行的方法都不了解，始终把它当成一种打扫卫生，始终认为是额外的工作，势必会抵制。若抵制，6S 管理活动就很难成功
执行人员决心不定	认为我做到这一步，应该差不多了吧？再往前走一步还可以走到哪里呢？决心不定，摇摇晃晃
方法不善	没有好的办法，各种管理技巧没有导入，没有什么主题活动，没有什么办法，只把它当作检查评比，同样是失败的
评分标准不明	没有建立起一套评价体系，没有建立起一套比较完善的、比较明确的评价标准，也是很难推进的
文宣不足	员工总觉得死气沉沉的，总是强调那几个概念，没有营造一种比较新的氛围
主办人员经验不足	没有推行活动经验，没有制订详细科学的计划和目标就片面推行 6S 活动
未举办任何活动	没有举行各种竞赛活动，借以刺激 6S 管理活动，让活动趣味化，让活动不断有高潮
不使用看板管理	没有通过看板和揭示板，让活动的过程、活动的结果日日、周周地体现出来
未定目标	没有定具体的目标，做到哪儿算哪儿。没有具体的目标，就很难做进度的控制和目标结果的控制
没有进行修正与检讨	没有不断地进行 PDCA 的检讨，所以碰到困难可能就绕过去了，碰到困难可能就停下来了

视频 12　如何理解建立明确的责任链？

扫码看视频，作者为你介绍建立明确责任链的必要性。

09

第九章

七大误区：

6S虽好，别走偏了

通过对6S管理活动常见误区的认识，有助于我们正确理解6S精益管理，真正把这一管理模式坚持下去，让管理更规范，让员工和企业更加受益。

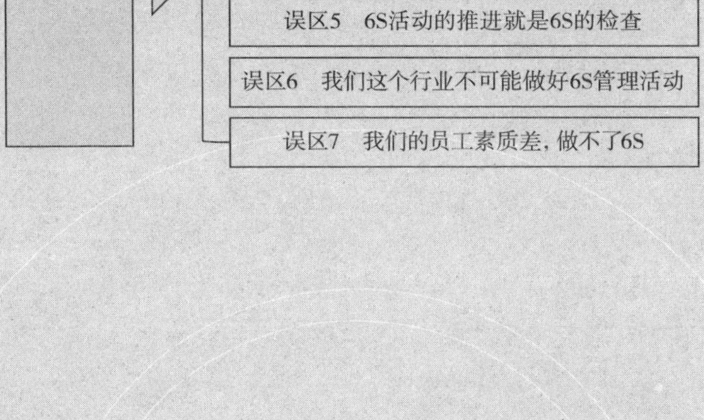

视频 13　6S 开展前期的困难来自哪里？

扫码看视频，认清 6S 开展前期的困难来源。

误区 1：工作太忙，根本没时间做 6S 工作

这个误区的主要问题是把 6S 工作和日常的工作相对立。很多管理者和员工质疑，为什么每次把该做的工作做完以后，还要再做一项 6S 活动的工作？

6S 是工作中的一部分，和效率、品质是一样的。只是由于每天员工会盯着产量、品质、交期，因为这是每天必须考核的一个事项，也就是每天员工把工作做完后，是否把货交出去，是否达到这样的品质要求，是和考核相关的，所以这些硬性的指标，员工都非常关心。

但像 6S 管理这种软性指标，有时候我们比较容易把它忽略，因为它是长期指标，而不是紧急指标。硬性指标是靠软性指标的改善获得提升的，如 6S 管理活动水准的提升，则相应的硬性指标自然而然就会提升。

我们把第一个误区用表格形式总结如下：

误区	工作太忙，根本没时间做 6S 工作
问题说明	把 6S 工作和日常的工作相对立
正确认识	质量和效率等硬性指标需要 6S 工作这种软性指标获得持续改善提升

误区2：6S就是把我们的职场打扫干净

不能简单地把6S管理活动和大扫除完全混淆在一起。6S管理活动不仅仅是把我们的职场、我们的现场打扫得很干净，更重要的是通过持续不断的改善活动，使我们职场的管理水平不断地提升，最终让我们的每个员工养成良好的习惯，形成良好的管理氛围。

6S活动绝非简单的打扫卫生，最重要的是通过不断地发现问题、改善问题来提升管理水平，让员工养成良好的习惯。

我们把第二个误区用表格形式总结如下：

误区	6S就是把我们的职场、我们的工作场所打扫干净
问题说明	把6S活动和大扫除完全混淆在一起
正确认识	通过持续不断的改善活动，有机会使我们职场的管理水平不断地提升，最终让每个员工养成良好的习惯，形成良好的管理氛围

误区3：我们公司已经做过6S活动了

第三个常见的误区是认为公司已经做过6S活动了。第一，不应把6S管理活动当作是阶段性的项目，而是应该持续坚持，循环操作的管理活动。第二，做过活动后的效果如何很重要，不能只看过程，不看结果。

事实上，我们经常会问的是：把6S管理活动做到怎样一种水准，或是做到了哪一个阶段？各项活动做到哪一个水平，这个才是重要的。

正确的认识是，6S管理活动是一项持续推进的工作，它是通过PDCA不断推进的一项工作。所以它只有进行时，没有过去时和完成时。

我们把第三个误区用表格形式总结如下：

误区	我们公司已经做过6S活动了
问题说明	1. 把6S管理活动当作是阶段性的项目 2. 只看过程，不看结果，6S流于形式
正确认识	6S管理活动是一项持续推进的工作，它是通过PDCA不断推进的

误区4：6S活动看不到经济效益

很多管理者一直不是很理解管理和效益之间的关系。我们或许看过不少企业管理得很好，但是会倒闭。同样我们也看到一些公司，管理其实不怎么样，但效益却很好。赚钱的，红红火火一直在赚钱。那管理和赚钱到底是什么关系呢？我们通过一些观察、一些事例，反过来再来理解这一部分，其实更容易理解。

首先，我们的企业是否赚钱，取决于我们所从事的行业，如很多行业只有3%的利润，因此资金链紧张，稍有失误就会失败。

其次，我们必须了解，企业赚钱以后做什么？企业赚钱的终极目的是扩大生产。要做到像麦当劳一样的连锁店，就需要大量的管理。所以，麦当劳就需要大量的标准化管理，大量的管理体系，才能确保企业做强、做大。

我们把第四个误区用表格形式总结如下：

误区	6S活动看不到经济效益
问题说明	不清楚管理和效益之间的关系
正确认识	6S管理活动是夯实我们的管理基础，只要我们彻底地推行，从长远的角度看，一定会取得很高的经济效益

误区5：6S活动的推进就是6S的检查

这种认识误区主要体现在：

（1）误认为6S就是定期地对职场进行检查、评比；

（2）用检查完全取代整体活动的推进；

（3）把6S活动内容僵化。

6S是个需要不断注入主题和持续改善的活动。在做6S计划和制定目标时，一定要制定重点的主题，在重点的主题中，还要进行重点的取组，所以每个阶段都应该有一个重点，再进行推进，而不是一成不变，这样的方式当然就把6S活动做僵化了。

6S应该持续不断地推进，在活动过程中要注入具体活动主题，检查评比是一项必要的内容，但它只是活动推进的一个组成部分。

我们把第五个误区用表格形式总结如下：

误区	6S活动的推进就是6S的检查
问题说明	1. 误认为6S就是定期地对职场进行检查、评比 2. 用检查完全取代整体活动的推进 3. 把6S活动内容僵化
正确认识	6S应该持续不断地推进，就是要STEP BY STEP地推进，在活动的过程中要注入具体活动主题，检查评比是一项必要的内容、一个组成部分

误区6：我们这个行业不可能做好6S管理活动

6S活动是适用于所有行业的。

例如，在香港，从幼儿园开始就会进行6S的教育学习。香港有专门的6S管理协会，由政府支持、资助进行推进。所以，不仅仅在制造业、服务业、医疗行业等各行各业推进6S管理，其实从社区、家庭、幼儿园、各个部分都是可以导入6S活动的。

我们把第六个误区用表格形式总结如下：

误区	我们这个行业不可能做好6S管理活动
问题说明	1. 强调的是行业的特殊性 2. 他不清楚为什么会有这样的发生源
正确认识	6S管理活动是适用于所有行业的

误区 7：我们的员工素质差，做不了 6S

做不好 6S 的根本原因，其实不是员工的素质差，而是管理者的问题，因为管理者本身没有不断去要求、规范员工。

很多主管一般都会这样讲："其实我们最大的问题，还是干部的素质比较低。"一些主要的干部会说："我们的主要困难是我们的员工素质差。"

要做深入的企业诊断，就需要和员工做深度沟通，所以往往我们听到员工说："我们最大的问题，是老总素质差，我们的干部素质差。"

各人角度不同，看法也不尽相同，我们不可能片面地认可任何一方的意见。但有一点很关键，就是我们要进行 6S 管理活动，就要通过持续不断的改善，来提高整体的素质。

不要把员工素质差当作做不好 6S 管理活动的一个借口。在同行业横向比较中，人员的学历、经验都是相对平均的，所以，没有所谓的素质高低问题。

我们把第七个误区用表格形式总结如下：

误区	我们的员工素质差，做不了 6S
问题说明	把 6S 管理活动做不好归罪于员工
正确认识	我们做不好 6S 的根本原因，其实不是员工的素质差，而是管理者的问题

010

第十章

实战案例：

6S在各行业的落地运用

在移动互联网和电子商务迅速发展的今天，各行业特别是实体企业要不甘落后，就要从打造更优质的环境和更高素养的生产服务着手。可以说，6S给各行各业提供了一套与互联网并行不悖，而且更加重视可视化的管理方案。

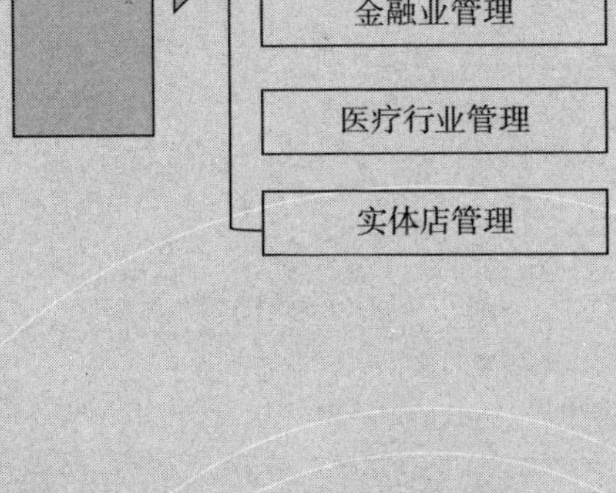

一、库房，6S 管理的重中之重

库房，是企业生产管理的重中之重。库房中的库存，一定程度上是企业的命脉所在，没有了库存，企业就无法及时输出商品。所以，库房 6S 活动就显得尤为重要。

库房 6S 活动标准（表 10 – 1）

表 10 – 1　库房 6S 活动标准

6S 活动	活动标准
整理	1. 呆滞物料应按规定日期申报处理 2. 报废物品、有价废料应定期处理 3. 漆包线、卷线应按规格、型号、产地、购进时间分类储存 4. 内协引线、标签等物品应存放在便于查找的位置 5. 纸箱、泡沫箱等材料应摆放整齐，剩余的纸隔板应定期处理 6. 客供物料应有专门区域存放 7. 通道应畅通，整体应整洁有序 8. 文件各种单据应分类按序摆放 9. 垃圾桶、清洁用具应按规划区域摆放 10. 待检、呆滞物料、报废品、废料分区域放置 11. 退货产品与合格产品应分区摆放 12. 退货产品与退货附件应定期处理

续表

6S 活动	活动标准
整顿	1. 设计制作物品摆放定置管理图，并标明责任人 2. 产品、物料分类摆放并有标识，且物、账应一致 3. 物品应设置最高库存量与最低库存量 4. 主料、辅料、杂料、包装材料、危险物品应分开定位放置 5. 账、卡、物应一致，卡应悬挂在物品放置处 6. 环氧树脂、氧气、氨气、油类等易燃、易爆的危险品应放在特定场所 7. 对于一时无法存放于库房的物料，应设置“暂放”标牌 8. 物料存放区域的存放点应符合定置图要求 9. 产品物料直列放置不应超过 1.5 米（纸箱、泡沫板除外） 10. 常用物料应便于领用和存放 11. 物料应按“分类储存管理”储存 12. 进出库记录应按规定要求操作
清扫	1. 材料不应脏污、附有灰尘 2. 墙壁、天花板应保持干净，地面应保持无灰尘、纸屑、水渍 3. 电脑、电话、电风扇、灯管、物料等表面应无灰尘
清洁	1. 安全防火工作应落实，通道应划分界线，感觉舒畅 2. 物品摆放应整齐有条理、不脏乱 3. 以 3S 应制度化、习惯化 4. 抽屉不应杂乱，下班时，办公桌上应保持整洁
安全	1. 无乱搭线路 2. 特殊岗位持上岗证操作 3. 电源开关及线路保持无破损 4. 灭火器在有效期内，方便易取 5. 消防通道够宽、无堵塞
素养	1. 坚持班前会，学习礼貌用语并做好记录 2. 每天坚持做 6S 工作，作内部 6S 不定状况诊断 3. 注意仪容、仪表，按规定穿着制服、佩戴工牌上班 4. 遵守厂纪厂规，不做与工作无关的事 5. 按时上下班、不早退、不迟到、不旷工 6. 吸烟到规定场所，不在作业区吸烟 7. 打卡、吃饭自觉排队，不插队 8. 不随地吐痰，不随便乱抛垃圾，看见垃圾立即拾起放好 9. 上班不闲聊、呆坐、吃东西，离开工作岗位佩戴离岗证 10. 保持良好的个人卫生 11. 按作业指导书操作，避免质量差错

仓库 6S 内审评分表（表 10－2）

表 10－2　仓库 6S 内审评分表

区域：　　　　内审日期：　　年　　月　　日　　评分人：

项目	审核内容	配分	评分	缺失记录
整理	成品区是否有隔离，分待验区、成品区、重工区	4		
	进料区验收合格的原物料是否有标识	4		
	重工组是否有不良品与良品区分	4		
	办公桌面是否清理	4		
	进料区物品的摆放是否整齐	4		
整顿	成品区各区域的摆放是否超出界线	4		
	品保办公室文件是否整理	3		
	查检表是否随带随记录	3		
	物料是否依颜色管理有进库月份	4		
清扫	品保室门、窗、天花板是否清理、打扫	4		
	品保区域地面是否每天打扫、拖地	3		
	办公桌、文件是否干净、整洁	3		
	废品、垃圾是否适时清理	3		
清洁	门、窗、墙角是否有蜘蛛网	3		
	物料及其外包装上是否有灰尘	4		
	地面是否有物料杂物	3		
	空物料架是否保持干净	3		
安全	危险物品是否另设仓库管理	4		
	仓库内是否有灭火器	4		
	仓库走道是否畅通	3		
	仓库内通风是否良好	3		
	易燃易爆有毒物品是否有危险性标识	4		
	危险品仓库是否有插座等易引起火灾的设施	3		
素养	仓库内账、卡、实物是否一致	6		
	上班时，是否有人做与工作无关的事情	3		
	员工是否有礼貌、讲卫生	3		
	人员服装是否干净、整齐	3		
合计		100		

废弃库存品一览表（见表10－3）

表10－3　废弃库存品一览

部门：　　　　　　检查者：　　　　　　日期：

序号	品名	规格	数量	单位	金额	不要物区分	价值	备注

二、用6S管理点亮4S店

4S店是以整车销售（Sale）、零配件（Sparepart）、售后服务（Service）、信息反馈（Survey）为一体的服务组织。它具有突出的有形市场，具有渠道一致性和统一的文化理念，因此，6S精益管理在提升4S汽车品牌、汽车生产企业形象上的优势是显而易见的。

4S 店主要管理项目及管理要领（见表 10－4）

表 10－4　4S 店主要管理项目及管理要领

管理项目	管理要领
车间	1. 必须遵守打卡制度
	2. 上班必须穿工作服，佩戴工号牌
	3. 着装要整洁、不皱、不脏
	4. 男员工不允许留长发、长指甲、胡须
	5. 不允许把早饭带进车间或员工休息间
	6. 车间内（包括）、厂内不允许抽烟
	7. 上班时间不允许聚众聊天、吵闹，大声喧哗
	8. 同事之间要互相帮助、互相尊重，团结
	9. 8 点 50 分之前必须做好自己管辖内的 6S
	10. 绿色通道内不允许摆放任何物品（含汽车）
	11. 消防栓周围不允许受堵
	12. 在作业时工具、附件、旧件必须分开放，不凌乱
	13. 车间地砖上不允许出现任何物品（如工具、旧件、配件、纸板、垃圾）
	14. 在维修车箱内不允许放任何物品（如工具、旧件、配件、纸板、抹布、手套）
	15. 不允许手带有油污的技师进入驾驶室或车内
	16. 作业完毕时必须及时清理场地。旧件、工具、仪器放到规定位置，并及时清洗地面的油污和污泥
	17. 中间停止作业或吃饭时，顶车机必须放到底方可走人
	18. 工作台板上不得凌乱摆放，必须按规定摆放（旧件、附件）
	19. 车间内所有能转移的设备必须标上黄线，不能越线摆放
	20. 在工作中所有的电线及气管不允许随地拖拉，用好及时收回
	21. 如该车中断作业，必须要清理现场。（含工具附件，配件）
	22. 下班时必须关好门窗以及切断电源、气源
	23. 下班时由专人负责过夜车的门窗锁牢，钥匙统一放入钥匙柜
	24. 过夜车附件必须摆放到辅料间（挂上标签、车号、班组、日期）
	25. 每周四下班定为 6S 大整顿

续表

管理项目	管理要领
工具车	1. 保持外部整洁、干净
	2. 工具必须按规定位置摆放
	3. 进入工具车的工具必须干净
	4. 每日下班必须整理、整顿工具箱，以及清点
	5. 工具箱内不允许摆放其他物品（如胶水、抹布、其他物品）
	6. 每个月底必须对工具车内的工具进行清点
	7. 经常对工具车滑轨加入润滑油
	8. 下班时务必锁好工具车
小推车	1. 每天保持外部整洁干净
	2. 抽屉内摆放抹布，脏与干净分开
	3. 台面上只能摆放两个小盒（专放小辅料）
	4. 作业时使用完毕必须及时归位
	5. 下班时台面上要保持干净，无任何物品
工具房	1. 必须有专人负责工具房
	2. 每日清洁、整理、整顿工具房，并保持干净、清洁、整齐
	3. 所有专用工具必须按编码摆放，其他工具须摆放整齐并贴上标签
	4. 每日下班必须对专用工具进行清点
	5. 借用工具必须登记（如编码、件数、签名）
	6. 借用者必须当场查看工具是否完好，有无缺少
	7. 归还工具时，工具管理员必须查看工具是否完好；是否整洁；如无问题方可接收并签上经手人姓名
	8. 工具必须按“谁借谁还”的原则执行
	9. 闲杂人员不得入内
	10. 专用工具不允许在车间内过夜，下班前必须归还
	11. 下班必须锁好门
钣金工具房	1. 由钣金组长负责钣金工具房
	2. 每日必须整理、整顿、清洁
	3. 货架上的工具必须贴上标签，摆放整齐
	4. 货架上的模具以及工具挂板上每日必须清点
	5. 每日月底工具管理专员会对工具房内的工具清点
	6. 下班必须锁好门窗

续表

管理项目	管理要领
设备	1. 车间内所有的设备必须有专人负责
	2. 每日两次对设备进行清洁
	3. 每个月月底对设备进行日常维护和检查
	4. 设备使用必须按照（设备使用说明书上的规定）操作
	5. 不得违规操作或擅自使用不同班组的设备
	6. 在使用设备发现有问题及时汇报给工具房管理员
	7. 每日上班、下班必须检查电源和气源有无破损和损伤
	8. 作业时必须注意安全
洗车场地	1. 洗车必须按汽车流程作业
	2. 对客户车辆清洗时不允许随便翻客户的物品
	3. 如发现车上有贵重物品请及时汇报 SA
	4. 车辆清洗完毕，必须清理现场
	5. 毛巾与海绵必须进行清洗（洗车流程内有规定）
安全	1. 车间内设备必须遵守使用手册来作业
	2. 照明灯如出现破裂要及时告知车间领导进行更换，电源开关接线盒等供电设施出现破损，要暂停使用，必须由专业人员维修
	3. 灭火器与防火 ①车间所有人员必须懂得如何使用灭火器。 ②灭火器必须定期检查，如无压力必须及时去充或更换。 ③油漆工位，香蕉水油漆必须存放在安全位置。 ④在油漆工位禁止一切有电源的工作，如焊接、敲打。 ⑤钣金在焊接作业时必须检查周围有无杂物或易燃物品。 ⑥在使用介子机、点焊机、维护焊时，必须检查电线是否完好。 ⑦在焊接时必须戴上防护罩以及手套。 ⑧使用完毕必须关掉电源。

续表

管理项目	管理要领
	4. 顶车机 ①车进入举升机上，四个柜子必须是对称的，不允许有偏差停车。 ②车辆举升时，操作和维修人员不得进入非安全区（以黄线为准）。 ③车辆置于平台上时，应关闭汽车引擎，拉紧刹车。 ④确保只有不超过允许的重量（5500kg）最大高度，长度范围的车辆才能被举升。 ⑤在车辆举升作业时，人员不得滞留在平台上。 ⑥主机上升到所需高度时，应操作“锁定”按钮，确保保险爪扣牢保险齿方可进入机下作业，保险组件上不能有任何异物。 ⑦当举升平台升降时，不可在移动车的情况下作业，应在安全位置。 ⑧举升机升降时，举升平台或举升车辆内严禁有人，以防跌落。 ⑨在举升平台上不能开启车辆引擎进行测试（必须放到底再启动）。 ⑩在举升下降区域和移动部分，严禁放置物件。
	5. 车间内移车 ①车间内移车必须有指定移车人员进行作业。 ②其他人员不允许擅自移车。 ③移车时必须注意前、后、左、右有无障碍物。 ④在车间内行车速度不允许高于每小时5千米。 ⑤在倒车过程中一定要注意后面的情况，在不确定的情况下，下车观望，或者叫人指挥。 ⑥严禁无证人员驾车。 ⑦SA从初检工位进入车间，必须缓慢通行。 ⑧进入工位，必须下车检查四轮在举升机上是否对称，方可离开。
	6. 外出试车。 ①外出试车必须由指定人员进行驾驶。 ②外出试车必须有登记表，登记表上必须记载出车时间、千米数，并签上试车人员姓名。 ③试车回车间，在登记表上记载回来时间、千米数。 ④试车路线根据试车原因来选择路段（试车路线暂时未定）。 ⑤外出试车必须遵守交通规则，如有高速试车的要求则必须在安全的情况下进行。 ⑥在试车前必须检查外观有无划伤。 ⑦在试车前取下方向盘套和顶号牌（回公司重新套上）。 ⑧车进入工位，试车人员下车一起与负责维修作业的班组检查一下外观方可离开。
	7. 下班必须切断所有设备的电源和气源

续表

管理项目	管理要领
素养	1. 每天早上做好自己管辖区域的6S
	2. 佩戴胸牌，系好领带，女同事系好丝巾
	3. 注意仪表仪容，做到着装整齐，梳妆适宜
	4. 不允许留长发、长指甲，以及留胡须
	5. 女同事适当补点淡妆，禁止添有色指甲油
	6. 接外线电话时必须说（您好，×××服务店，我是服务顾问×××，请问有什么可以帮到您）
	7. 接电话之前必须让对方先挂，方可挂线
	8. 接内部电话必须说（你好，我是×××）
	9. 禁止上班时抽烟，浏览网页，聊QQ，吃零食）
	10. 接车必须套上六件套（方向盘套、排挡罩、座椅套）
	11. 禁止客户进入车间，客户非进时必须有接待SA陪同，方可进入
	12. 在对客户车厢进行检查时，必须对客户车厢内有无贵重物品以及现金进行登记（在初检单上，由客户签名确认）
	13. 与客户交车之前必须检查车辆内部及外部是否干净，如不干净必须要叫洗车人员返工，在确保无误的情况下交给客户手里
办公场所	1. 上班必须穿制服，佩戴胸牌
	2. 衣着要整洁、整齐，无皱褶，皮鞋要以黑色为主并干净

三、用6S管理突围餐饮业弊病

在我国餐饮业起步阶段，脏、乱、差问题比较突出，如今虽然有所改善，但人员流动大、素养低等现象，严重制约了这个行业的发展。因此，20世纪80年代开始，餐饮业逐渐引入香港的“六常管理法”，也就是6S精益管理理念，革除酒店餐饮业的弊病，实行至今，“六常管理法”已经帮助数以千计的餐饮业企业突破了自身发展瓶颈。

什么是“六常管理法”

常分类
所有物品分为不要用的和还要用的。
要有“丢掉”的勇气。“想要=需要”

常清理
清理不要用的物品，把还要用的物品数量降至最低安全用量，然后摆放井然有序，再贴上任何人一看就能明白的标签

常清洁
环境要常清洁，上至团队领袖，下至基层员工，一起来完成。每个人都应该负责清滞、整理、检查等工作

常维护
对前面“三常”进行维护，做要“不用分类的分类、不用整理的整理、不用清洁的清洁”

常清醒
对前面“四常”工作检验，要求行为要常清醒，创造一个具有良好习惯的工作场所，持续、清醒地执行上述“四常”，有助于我们养成制定遵守规章制度

常自律
养成良好的工作习惯，全面提高员工素质，彻底改变每个工作人员的精神面貌，这是六常法追求的最高境界

餐饮业分类标准（见表10－5）

表10－5　餐饮业分类标准

序号	标准内容
1	餐具、工具分开使用，使用不同颜色的胶带区分：红色表示工具类，绿色表示餐具类，蓝色表示用具类
2	操作台餐用具分开，玻璃、瓷器、密胺、不锈钢分开，所有餐用具标注最高、最低数量，设有六常管理卡，专人负责，专人管理
3	员工私人物品统一摆放，如衣物、手机、钱包等统一放进更衣柜内，工作现场不允许出现任何未定位的私人物品
4	抹布采用分颜色管理方法，咖啡色是卫生抹布，用于擦死角卫生，蓝色是操作抹布，用于擦台面、桌面、柜内等，白色是清洁抹布，用于餐用具的擦洗。红色是洗手间专用
5	服务台所有资料、文件资料都有分类标签

餐饮业用具定位定量标准（见表10－6）

表10－6　餐饮业用具定位定量标准

序号	标准内容
1	功能区域划分定位，即同一地点在空间上做好功能划分，如综合仓库，可分为卫生用品区、低值易耗品区、餐具区等；商品可分为饮料区、酒水区，功能分区定位是为了保证同类物品摆放在同一区域，方便取用
	遵循“三定”原则：定品定位定量
2	物品按使用时间长短分开存放： 存量　　使用时间　　保存地点 低　　1个月都不用的物品　　存入仓库 　　1周内使用的物品　　保存在较高处 中　　1～3天内要用的物品　　保存在工作区中间部分 高　　每日都要用的物品　　保存在工作现场附近 　　每个小时都要用的物品　　保存在工作现场位置
3	物品按高、中、低用量分别存放： 一般来说，操作柜中间部分的物品取用最方便，因此，用量多的物品摆放在货架中间部位；用量相对较少且较重的物品，可摆放在货架底部；基本不用且较轻的物品，就放在取用最不方便的货架顶部，物品摆放遵循“上轻下重”的摆放规则，但玻璃器皿高度不超过肩部
4	材料或工具按照操作顺序放置，做到任何人都能在30秒内取出和放回物品
	确定物品的最低、最高存量
5	合理的存量是在保证正常工作运转的同时将资金占用率降至最低；确定物品存量应充分考虑供货单位的供货周期、供货量、稳定性和订货成本
6	工作现场的物品存量：1～3天的正常用量

餐饮部六常标识规范（见表10－7）

表10－7　餐饮部六常标识规范

标识	规范
区域平面图	独立的区域或需在门后或操作台张贴区域平面布局图，标明固定设备、家具的位置，配上负责人的照片、姓名
物品存放表	在操作柜、餐具柜、冰箱外部张贴物品存放表，标上标明每层摆放物品的品名，存放表上的物名称与标签保持一致

续表

标识	规范
定位分割线	用蓝色胶带分隔相邻的两个物品，或定位一些可移动的物品，物品需摆放在分割线以内，分割线要保持横平竖直
定位编号	在已经定位好的物品上张贴顺序编号（1，2，3，4，5…），物品按照编号依次码放，定位编号可用于文件夹、工具、餐具等
定位标签	容易移动的物品，如摆放的筷子、勺子、餐巾纸，服务台的笔筒、电话等，在物品的下方张贴定位标签，物品覆盖在标签上
食品存量标签	(1) 最高、最低存量，左进右出标签：用于酒水柜多排存放的物品，最高、最低存量的计6。食品存量标签算“左进右出”即标明左边进货，右边出货的箭头，保证先入库的先使用，避免过期 (2) 最高、最低存量，后进前出标签：用于单排存放的物品，标明后进前出的箭头 (3) 开封但有保质期的食品标签：注明品名、开启时间、保质期等信息
设备卡	(1) 冰箱责任卡：冰箱外部张贴责任卡，责任卡的内容包括：冰箱存放原料的分类、冰箱使用要求以及负责人的姓名和照片 (2) 设施设备维护卡：操作设备应张贴维护卡，内容包括设施设备的安全使用说明及维护保养的要求
安全标识	(1) 警示线：大型不可移动类物品（如电器设备、大型货架等）四周拉警示线；标准：黄色，距离设备15~20厘米，线宽5厘米 (2) 其他安全标识：如防滑、防撞、台阶提醒、小心触电、人离火灭等
节能标识	(1) 空调开关：长期不开——黄色；长期不关——蓝色；定时开关——白色；空调开关上要注明每个开关的用途 (2) 普通开关：将最常用或不需全部开灯的情况下备用照明的开关沿底部贴上蓝色胶带以区分

四、金融业用6S打造“高大上”气质

金融行业的特征是营业网点化。因此，应对网点进行6S管理。在营业现场对人员、机具、材料、方法、环境等进行6S活动，可进一步培养员工良好的习惯，提高网点运行效率，强化人员安全管理，有效改善服务环境，提升网点品牌形象及综合管理水平。

金融行业咨询区布局

（1）咨询引导台。

咨询引导台设置在营业厅入口处或客户进入网点视觉冲击最明显的位置。基础网点可视物理空间状况选择小型咨询引导台（图 10－1）。

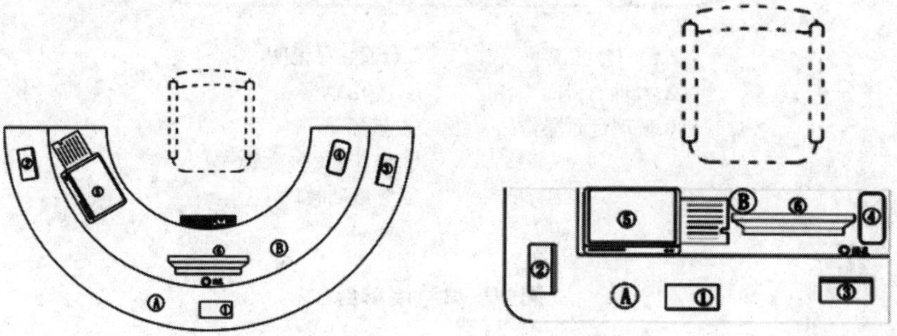

1.台面分区说明
A:主台面
B:副台面

2.台面物品说明
① 大堂经理巡视牌
② 客户意见簿
③台式宣传折页架
④便民服务箱
⑤复印机
⑥大堂PC机

图 10－1　咨询引导台

（2）填单台。

填单台应靠柱面或墙面放置，左侧或右侧靠近柱面摆放或与柱面连成一体。不能靠柱面放置的，与附近的墙面平行或垂直摆放（图 10－2、图 10－3、图 10－4）。

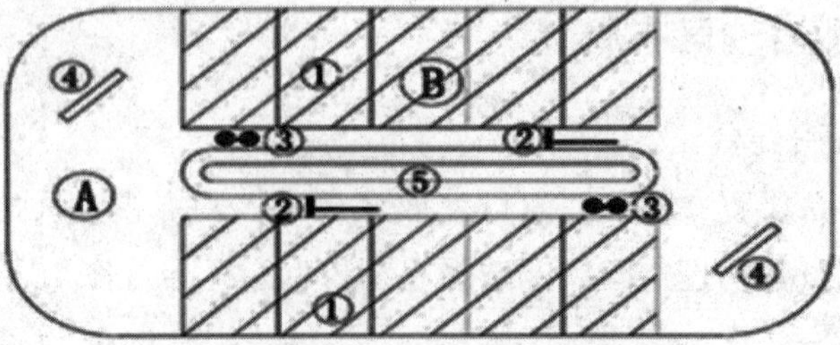

1.台面分区说明
A:大理石台面操作区
B:玻璃台面操作区

2.台面物品说明
① 空白单据
② 签字笔
③老花镜、放大镜
④废纸回收口
⑤样单

图 10-2 填单台

图 10-3 填单台台面下方两侧隔板的内侧放置方口垃圾桶 1~2 个

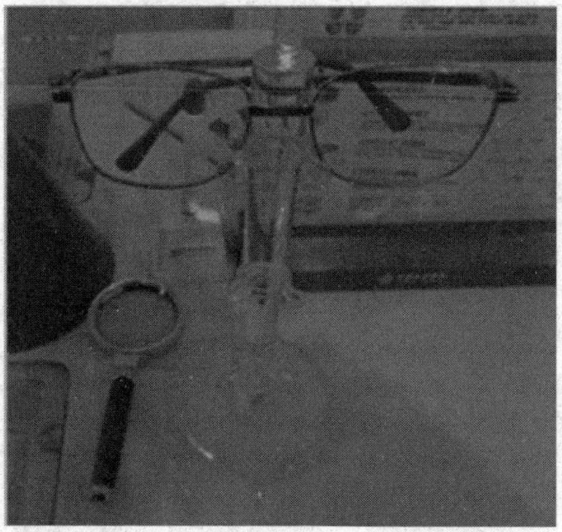

图 10－4　台面配置老花镜、镜架及放大镜

（3）客户等候区物品摆放基本要求。

客户等候区设在咨询引导区与柜台之间，主要功能是为排队客户提供等候空间、向客户宣传和展示自身形象及自身产品。客户等候区主要配备等候椅、液晶电视、公告栏、海报、指示牌、营销宣传柜等设施物品(图 10－5)。

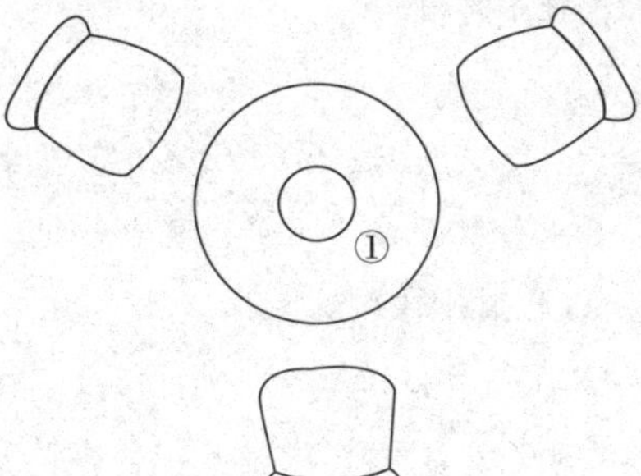

台面物品说明

① 花盆

图 10－5　物品摆放

封闭式柜台、柜面物品摆放

封闭式柜台、柜面物品摆放，以配单附柜且附柜设在右侧为例，见图10－6。

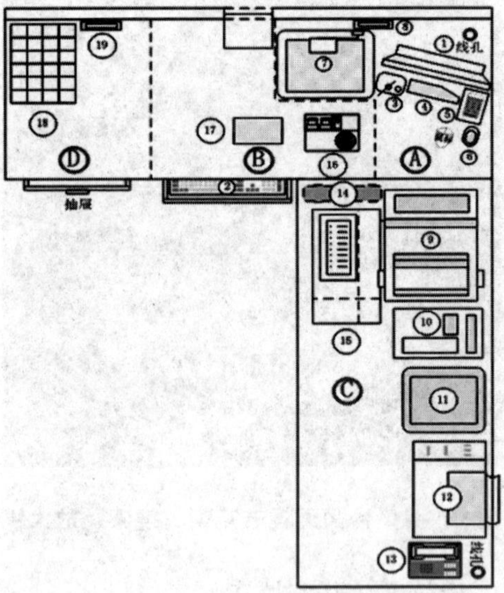

图10－6　封闭式柜台柜面物品摆放

（1）柜面分区说明。

A：输入设备区；B：现金作业区；C：作业设备区；D：非现金作业区。其中，A、B、D区位于主柜；C区位于附柜。

（2）柜面物品说明。

①终端显示器；②键盘；③麦克风；④读卡器；⑤叫号机呼叫器；⑥指纹仪；⑦远程集中授权影像仪；⑧点钞机外接显示屏；⑨点钞机；⑩扎把机；⑪印控仪；⑫集中作业平台扫描仪；⑬电话；⑭终端主机（置于附柜下方）；⑮存折打印机（置于附柜下方）；⑯印章盒（可放临柜业务印章、印台、打号机等）；⑰印章专用垫；⑱业务凭证资料架；⑲业务专窗示意牌。

开放式柜台柜面物品摆放

开放式柜台业务范围较复杂，为便于说明，下面主要以理财型开放式柜台（以办理理财业务为主，兼办BOS系统业务）为例，对开放式柜台物品摆放要求进行详细说明，并对结算型开放式柜台及辅助作业区物品摆放进行图示补充（见图10－7）。

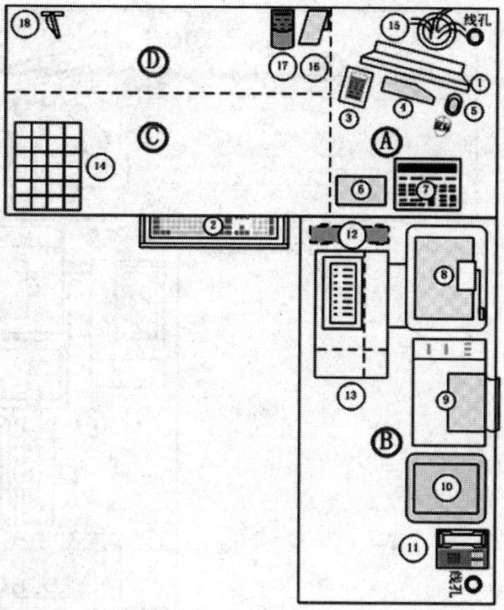

图 10-7 开放式柜台柜面物品摆放

（1）柜面分区说明。

A：输入设备区；B：作业设备区；C：业务受理区；D：客户留用区。其中，A、C、D 区位于主柜；B 区位于附柜。

（2）柜面物品说明。

①终端显示器；②键盘；③叫号机呼叫器；④读卡器；⑤指纹仪；⑥印章垫；⑦计算器；⑧远程集中授权影像仪；⑨集中作业平台扫描仪；⑩印控仪；⑪电话；⑫终端主机（置于附柜下方）；⑬存折打印机（置于附柜下方）；⑭业务凭证资料架；⑮绿植；⑯评价器（客户用）；⑰密码键盘（客户用）；⑱签字笔。

结算型柜台物品摆放

仅在 BOS 系统中办理账户、票据结算等业务为主的开放式柜台，在摆放输入设备等必需物品的同时，可优先摆放 PC 机、验印仪和票据鉴别仪等使用频率较高的常用设备（见图 10-8）。

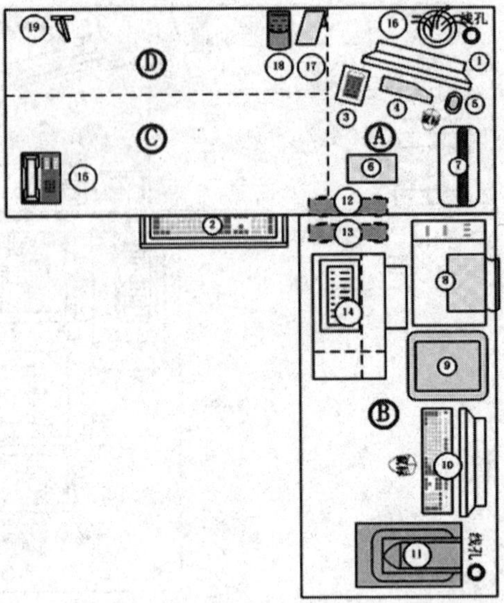

图 10-8　结算型柜台物品摆放

图中部分物品说明：⑦票据鉴别仪；⑩PC 机；⑪验印仪；⑫、⑬分别为终端主机和 PC 主机（均置于桌面下方）。

办公物品储放区的摆放

（1）重要物品储放区物品的摆放。

第一，重要物品保险柜物品摆放要求：营业机构梳理需保管重要物品的种类及使用频率，将各类重要物品按“频率优先”的原则在保险柜内摆放，并加注标识。

第二，柜员单人保管重要物品保险柜物品摆放要求：柜员单人保管重要物品可集中摆放在一个含有多个加锁储物格的保险柜，储物格外加注标识，储物格钥匙由保管人各自妥善保管。柜员单人保管重要物品集中放置，使单人保管的重要物品得到更有效管理，并防止柜员利用公用保险柜放置私人物品。保险柜保管物品范围可包括：联行机具、印鉴卡、临柜业务印章、待领取信用卡等重要物品；其他无关物品不得放置于单人保管的保险柜内。

（2）普通物品储放区物品摆放要求。

普通物品储放区的普通储物柜存放空白业务凭证、文具、业务资料、书籍、普通设备等其他物品，营业机构应对本区需储放物品进行梳理，合理划分储放空间，将物品分类、有序、定位摆放。

（3）设置警戒标识。

营业机构在对所保管重要空白凭证、空白业务凭证定位摆放、标识名称的同时，分别测算每类凭证使用数量，设置合理的储备数量区间，据此在摆放区设置醒目的警戒线，提示凭证管理员对低于警戒标识线的凭证及时领用增补；并在储放柜外贴制分布表，以便于对照寻物，提升管理效率。

（4）营业机构受场地等条件限制，无法分设重要物品储放区和普通物品储放区的，可设单一的办公物品储放区，按相关要求保管重要物品和普通物品，并明确保管责任。生活用品区与其他区域的距离应尽量远。生活用品区摆放的私人物品不得带入其他区域。

安防物品管理标准

（1）电源及线路。

多股线路应使用护线套管或集线盒保护，暴露电源应标示“小心有电”安全提示或使用童锁保护（见图10－9）。

图10－9　集线盒

（2）消防物品。

建立消防器材分布、逃生路线控制总图，按照消防管理要求设置器材，所有消防器材及逃生路线应张贴标识指引，灭火器等消防器材应配套检查记录表，并做到状态可见（见图 10－10、图 10－11）。

图 10－10　用黄黑警示线划定特定区域明确责任人

（如放置在贵宾区，标签使用暖色调）

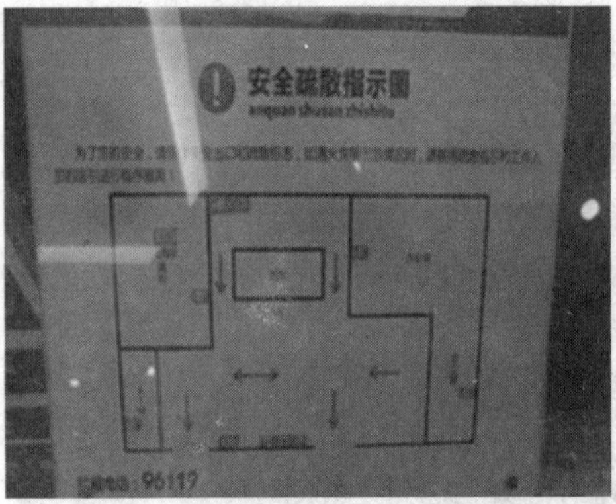

图 10－11　消防器材分布、逃生路线控制总图

（3）安防器材。

联动门、报警按钮等应张贴醒目标识；防护器材按安全管理要求定位摆放，张贴醒目标识；门窗闭合状态应使用色彩管理，电动卷帘闭合应有离地提示。

（4）推车。

推车在指定区域摆放，不得占用通道，依推车边缘划定同等大小停放位，推车边缘贴黄黑警示线，推车使用后应及时归位，推车应标明承重量，使用推车位标识（见图10－12）。

图10－12 推车摆放示意

（5）门窗管理。

采用图形、文字、色彩相结合的方法直观提示门窗开合状态，杜绝风险。

（6）钞箱。

钱款分券别摆放，钱款有名有家，钞箱划定区域固定位置摆放，钞箱内钱款应伸手可及。

生活区域6S标准

（1）员工洗手间。

员工毛巾做到有名有家，洁厕用具分类、标名、悬挂摆放（见图10－13、10－14）。

图10－13 员工洗手间毛巾摆放示意

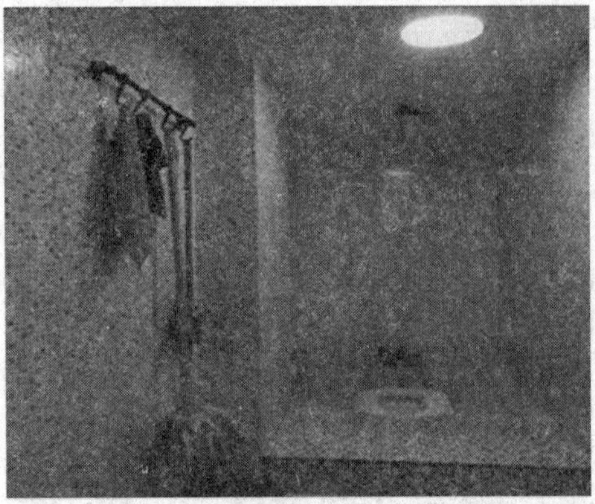

图 10－14　物品离地悬挂摆放（内部卫生间）

（2）更衣室。

①更衣柜标名、编号、锁止，鞋一律放在柜内，无过季衣物和私人有价凭证存放。柜子上方严禁摆放任何物品。

②墙上悬挂落地镜，镜前地面设脚印标识。

③镜子一侧张贴标准着装示范挂图。

（3）员工餐厅。

放置音响设备，并张贴艺术画或带有员工照片、寄语等的文化墙（见图 10－15、10－16）。

图 10－15　餐具分门别类

图 10－16　餐厅文化墙，营造温馨的工作氛围

五、医疗行业的风口浪尖上，更需要 6S 的加持

医疗行业，对卫生指标要求极高。推行 6S 管理势在必行，这对于优化诊疗流程，节约成本和资源，培养职工良好行为习惯，促进精益医院建设，建立常态的管理机制，都有重要作用。

医院 6S 管理标准（表 10－8）

表 10－8　医院 6S 管理标准

实施项目	管理标准
办公系统标准	1. 办公桌水平摆放，桌沿与墙面保持平行 2. 办公桌上的物品要分门别类，分出哪些物品常用、哪些不常用、哪些天天用 3. 物品摆放位置要体现顺手、方便、整洁、美观，有利于提高工作效率 4. 与工作无关的物品不要放在办公桌上 5. 桌面所有物品都要放在标签所标记的位置 6. 中上侧摆放台历等，右侧摆放文件筐、等待处理的管理资料 7. 桌面上放置的左右矩形物品应与桌沿平行 8. 办公桌下方的物品要摆放整齐、贴标签注明名称 9. 抽屉内的物品要按类别摆放整齐

续表

实施项目	管理标准
卫生间标准	1. 各科室对所辖区域卫生间必须张贴目视责任人、监督人、电话 2. 保证所有卫生间内的门窗整洁无灰尘，内外墙壁、屋顶无灰尘、蜘蛛网 3. 保证卫生间内所有设施完整、可用，冲洗大小便通畅。若出现故障要及时整修并明示 4. 保证卫生间内外通道干净无杂物，做到地面无杂物、无积水、无非常明显污迹，并定期喷洒药水 5. 纸篓里的垃圾必须当天清理，同时必须保证纸篓中的垃圾不得溢出 6. 做到便池内无污垢，无残留尿液及粪便、纸张等 7. 卫生间内无异味，卫生打扫工具定置归位摆放 8. 保证洗手盆内无污垢 9. 保证洗手台除了洗手液及擦干布无其他杂物，同时洗手台随时保证干净无积水 10. 保证洗手间内无烟头、烟灰
会议室管理标准	1. 严禁在会议室内吸烟或用餐 2. 保证会议桌上无灰尘、无杂物 3. 不占用会议室堆放物品，不擅自利用会议室接待非公亲、朋、客人休息或娱乐等活动 4. 不乱拿、乱用会议室内的设备及一切物品（如音响、话筒、投影仪、会议桌椅等） 5. 备会时，不随意挪动、变换室内设备位置，若有布置会场需要，会后应立即撤除，不得影响下次会议的使用 6. 闭会后，必须关闭好音响、空调、照明等电器和门窗；话筒按指定位置摆放 7. 保持室内整洁，不乱扔废弃物品，不在会议桌上乱写、乱画 8. 保持会议室内的椅子摆放整齐，椅子紧靠会议桌摆放，每张椅子距离一致
楼道公共卫生	1. 保证楼道无纸屑，无尘土 2. 保证楼道墙面无划痕及其他涂画 3. 保证楼道扶梯无污垢、灰尘
服饰着装	1. 工作场合及区域必须着工作服 2. 其他非工作场合及区域严禁着工作服（有外事活动除外） 3. 头发梳理整齐，服饰熨烫挺括，领带正挺，皮鞋亮净 4. 工作时间内必须佩戴胸卡

续表

实施项目	管理标准
诊疗现场	1. 各操作设备、物品、使用工具固定位置放置 2. 物品、样品分类放置 3. 工具书、规程、教材放置于明显位置，以便查阅 4. 设备运行标识明显 5. 工作场合内光线充足，通风良好，安装有温控设施。不允许乱画、乱挂或乱粘贴各种标语 6. 工作过程中，保持工作现场的干净整洁，下班时地面要打扫干净，物品摆放整齐 7. 现场的各种指示图表、目视标识、学习园地完整、整齐、清洁 8. 工作现场严禁吸烟，无各种违反劳动纪律的现象 9. 工作现场的消防器材由专人负责检查，维护确保能正常使用，禁止损坏及挪作他用 10. 操作人员必须持证上岗 11. 仓库周围的环境经常清扫，保持道路畅通、整洁，无杂草丛生，无堆积杂物，无烟蒂、废纸、痰痕 12. 科室、库房墙壁、门窗保持清洁明亮无蜘蛛网、沙尘，照明设施齐全完好，内部通畅 13. 工作现场设置定置图。定置区要规范，界标清晰，标准有清晰的定置框（线）、通道线 14. 维修（器械）工具柜统一规范，摆放整齐、清洁，柜内工具、物品排列有序，不得放置其他物品（物品按数量、五金、生活用品分类，自上而下分层存放） 15. 危险物品、消防用具、有毒材料、易燃物品要单独存放，严格执行有关制度
设备管理	1. 每天擦试保持清洁无尘，表面完好，操作台面一律不得堆放其他杂物 2. 检查、检验辅助器具、维修工具在不使用时，必须整齐地摆放在指定的位置，不得随手乱丢乱放 3. 工作设备、办公设备、检测设备等，必须由专人负责日常保养，做好防护工作
安全消防管理	1. 办公区域内的一切设备不得任意更动，未经许可无关人员不得进入计算机房、电梯机房、配电房及监控室等重要场所 2. 禁止非专业和无关人员随意动用、开闭各类电器、电子、检验、影像设备 3. 爱护公共财产，不得随意挪用、嫁接和破坏。如有设备、设施损坏要及时通知办公室或相关部门，不得自行处理。如因停电或故障人员被困在电梯内时，应与电梯管理人员联系，不准擅自撬启电梯门
网络设施管理	1. 禁止私拉乱接网线、电话线和电线 2. 未经网络信息中心许可，不允许擅自更换、拆卸和加装计算机软、硬件；系统设置不得随意改动，未经网络信息中心和医务科的同意，任何人不允许擅自安装其他软件 3. 禁止非专业人员打开电源箱；禁止在电源箱上放置任何物品；禁止在电源箱的上方和左右放置潮湿物品、导电物品、易燃物品 4. 办公电源插座是计算机专用的，只允许接计算机、显示器、打印机、传真机、扫描仪和手机充电器 5. 禁止接其他电器，严禁接电加热器、电水壶等大功率用电设备

六、"互联网+"时代，实体店还能起飞吗

在移动互联网时代，实体店不可避免地受到冲击。但也有很多实体店生存了下来，并且越做越强。究其原因，还是在于管理上的优势。6S 管理为实体店营造了一个简洁舒适的环境氛围，给顾客带来不一样的体验感。

某门店 6S 管理标准（表 10－9）

表 10－9　某门店 6S 管理标准

管理项目		序号	具体要求
整理	撤柜商品	1	每天营业前、营业中、营业后各岗位人员对所辖范围内商品进行检查，重点对以下八种商品进行撤柜处理
	一物一卡	2	每天对商品物价标签予以检查，商品必须做到一物一卡；物价标签要求牌面整洁，内容完整、正确，无污垢
	促销宣传品	3	海报、便贴等各类促销宣传品如有脱落、损坏，应及时粘贴或更换
	购物篮	4	对购物篮内的杂物随时进行清理，每 15 天对购物篮清洗一次，并保持洁净
	阻碍通道	5	门店商品到货后应及时进行点货，并安排上架，保持购物通道的畅通，不允许商品阻碍通道，影响顾客购物
整顿	商品丰满	1	商品陈列要求货架堆满，不得有"空板"现象
	货架上无杂物	2	货架上不得放置与商品无关的物品
	物价标签	3	正确使用商品物价标签：凡入柜的新商品，商品物价标签均需与商品同时到位，不允许新商品无标签 商品物价标签因长时间使用造成的损耗，可由空白标签经人工填写后临时替代，不允许商品无标签

续表

管理项目		序号	具体要求
清扫	货架及商品	1	货架无积灰、无污痕、用纸巾擦拭1米无尘迹；商品清洁无灰尘、无脏迹
	地面	2	清洁、无异物、无污迹、无积水
	天花板	3	无破洞、无裂痕、无脏迹
	墙壁	4	无积尘、无明显划痕、角落无蜘蛛网
	吊扇	5	清洁净亮、无灰无尘
	灯架	6	清洁明亮、用纸巾擦拭1米无尘迹
	空调	7	顶层及表面用纸巾擦拭1米无污迹
	影碟机、功放	8	用纸擦拭无明显尘迹
清洁	各类证照、奖牌	1	门店各类证照、奖牌应根据营运部指定的位置悬挂、摆放，如有污损、残旧应及时清洁
	养护	2	门店需安排专人负责，对易霉、易潮、易长虫的商品应加强日常养护
素养	基本礼仪规范	1	按时上下班，做到不早退、不迟到
		2	严禁私自取用购物袋、宣传海报等营业及办公用品
		3	站立姿势应精神饱满。做到双目平视、挺胸、收腹。双手交叉，右手在上，左手在下，轻扣于下腹部，与顾客保持一米左右距离。站立时不能斜靠在货架或柜台上，不得盘腿 
		4	不能在门店内搭肩、挽手、挽腰
		5	上班时间不得闲聊（三人或以上谈工作无关的事宜），不得哼歌曲、吹口哨
		6	不在卖场议论顾客及其他同事的是非
		7	招呼声：顾客进门，遇到的第一个营业员即为接待者，应该面带微笑，看着顾客的眼睛与他打招呼，标准用语为“先生／小姐/ 阿姨：您好！”如是老顾客，可称呼其姓氏，如“张先生”“李阿姨”“王老伯”等。不必立即跟上去，与顾客保持一米左右的距离

续表

管理项目		序号	具体要求
素养	基本礼仪规范	8	接待过程中的亲情服务用语标准化 ①如果正忙于接待顾客，另有顾客需要服务时，应用和缓的语气请其稍等，标准用语为：“对不起，请稍等”，并尽快完善对前一位顾客的服务 ②如让顾客等待，应主动致歉。标准用语为“对不起！让您久等了” ③如需顾客避让，标准用语为“麻烦您，请让一下” ④如需顾客出示会员卡，标准用语为“请问先生／小姐/ 阿姨有会员卡吗?”
		9	服务完毕要有送别声，以下语言均可：①您走好（您慢走)！②您拿好！③您好，收银台在那边，麻烦在那边埋单
安全	商品与资金	1	过夜资金必须放入保险箱，同时由专人保管钥匙，去银行交现款要求有两人一同前往
		2	贵重商品应由专人负责销售，店长应随时安排员工巡店

附录

6S精益管理实用工具箱

一、6S 精益管理活动竞赛管理办法

目的

为深入营造6S文化，通过开展改善提案竞赛、星级班组评比、示范区竞赛等6S管理竞赛活动，逐步培养职工的责任意识和改善意识，通过发挥全员的智慧和力量，形成人人参与、积极改善的良好氛围，特制定本程序。

适用范围

本程序适用于各单位的各科室、作业区。

管理内容和要求

（一）改善提案竞赛活动

1. 活动意义

各单位要引导职工立足“服务生产，方便作业，防治污染，保障安全”，从细节入手，针对现场影响生产、工作效率、安全、品质、设备等专业管理、跑冒滴漏等处进行改善治理，一方面可解决现场、现实的问题，另一方面可提高职工的问题意识和改善意识。

2. 活动要求

（1）各单位要建立健全相应的激励机制，充分调动职工参与的积极性，每月组织职工按照《6S改善提案申报表》（见附件一）格式，填写6S改善提案，并于每月28日前上报厂6S精益管理活动领导组办公室。

（2）厂按照《6S改善提案评估标准》（见附件二），每半年对各单位上报的6S改善提案进行一次综合评估。

3. 奖励办法

（1）每项提案必须有现场实施效果，才能参加评比、激励。

（2）根据对提案的评估结果对照下表进行奖励。

提案评估与奖励

得分	40分以下	41~50分	51~60分	61~70分	71~80分	81~90分	91~95分	95分以上
级别	7	6	5	4	3	2	1	特别奖
奖金	50	100	150	200	300	400	500	不定

（3）评价初审等级在1级（包括1级）以上的要经过厂6S领导组再次进行审核、讨论，对有价值的要给予重奖并帮助其实施。

（4）各单位的人均提案数及参与度，纳入半年6S综合评价之中（附件七、附件八）。

（二）6S示范区竞赛活动

1. 活动意义

“典型引路”是6S推进行之有效的方法，开展6S示范区竞赛活动的目的就是发动职工针对本单位各类典型的现场、难点区域，进一步提高标准，通过应用6S规范现场、目视管理、改善现场等方法，充分将6S与现场工作实际和管理要求结合，使得该现场6S管理水平达到同类型现场最高的水平，以此示范、以点带面，促进其他现场6S管理水平的提高，起到典型引路的作用。

2. 活动要求

（1）各单位要根据本单位作业性质和管理要求，本着示范和引导的原则，针对生产车间、检修（修理）车间、备品备件存放区域、库房、站所[液压站、配（变）电室]、工房、办公区域等各类不同性质的现场区域，每月组织开展示范区竞赛活动，并采取相应的奖励机制，激发全员参与的积极性。

（2）活动中要在现场规范、维护要求、人员素养等方面细化标准、提高要求，选树出高标准的示范区。

（3）厂每半年组织评比厂级6S示范区。每半年末各单位要将自主评选出的各类不同性质现场的示范区，按照附件三的格式上报厂参加厂级示范区评比活动。要求：

1）各单位所申报的6S示范区必须被评为本单位的6S示范区，申报的各类示范区数量为1~2个；

2）所申报的6S示范区必须达到该区域年度6S管理目标；

3）所申报的6S示范区要求6S管理工作开展比较深入，在规范性、目视管理的应用、现场改善、注重细节、与专业管理结合等方面能够起到示范带头作用，具有较强的推广性；

4）该区域的人员素养较高，着装随时保持规范、整洁，精神风貌良好。

厂将组织评比小组，按照附件四对各单位申报的示范区进行评选。

3. 奖励办法

被评选为厂级的6S示范区，厂将颁发流动奖牌，并根据区域大小、难度等给予厂绩效评价0.2~1分的奖励。

（三）星级班组评比活动

1. 活动意义

班组是各单位最基础的组织细胞、管理团队，开展星级班组评比活动的目的就是加强班组建设，鼓励班组从改善工作现场、创新创效、自主管理、提高工作业绩等几个方面，充分发挥班组成员的主观能动性、积极性和创造力，提高班组的凝聚力、战斗力，提高班组自主管理水平，促进班组深入落实公司各项管理工作。

2. 活动要求

（1）各单位要认真贯彻落实管理重心下移的重点工作思路，加强班组建设，组织并及时指导、督促班组全面落实6S工作。

（2）各单位要制定、完善班组评比标准和激励机制，通过月度评比的手段提高班组的6S管理绩效。

（3）厂每半年组织星级班组评比活动。每半年末各单位要将半年综合评比前两名的班组，按照附件五的格式上报厂参加星级班组评比活动。要求：

1）所属工作现场6S管理水平较高，达到了该现场年度6S管理目标；

2）自主管理水平较高，6S责任体系运行情况较好；

3）能够积极参与公司如TPM、QC、6S自主改善等活动，创新改善效果较为明显；

4）工作业绩较为突出，能够完成本班组日常的工作任务，无安全、品质、生产、设备等事故发生；

5）该区域的人员素养较高，着装随时保持规范、整洁，精神风貌良好；

6）本班组所属区域至少有1个厂级6S示范区。

3. 奖励办法

厂将组织评审小组，按照附件六评选出三星级、四星级、五星级三个级别的班组，颁发流动奖牌，并按班组人数给予厂绩效评价3分、5分、10分的奖励。

附件：

一、6S改善提案申报表

二、6S改善提案评估标准

三、6S示范区申报表

四、6S示范区评比标准

五、星级班组申报表

六、星级班组评比标准

七、某年某季某厂（部、处）6S管理改善提案汇总表1

八、某年某季某厂（部、处）6S管理改善提案汇总表2

九、6S管理建议型改善提案联络记录表

附件一 6S 改善提案申报表

<table>
<tr><td rowspan="3">题目</td><td rowspan="3"></td><td colspan="8">改善类别：（请打"√"）</td></tr>
<tr><td>设备</td><td></td><td>品质</td><td></td><td>环境</td><td></td><td>节约</td><td></td></tr>
<tr><td>安全</td><td></td><td>生产</td><td></td><td>效率</td><td></td><td>其他</td><td></td></tr>
<tr><td>单位</td><td></td><td>提案人</td><td></td><td>参与人数</td><td></td><td>所属班组</td><td></td><td>完成时间</td><td></td></tr>
<tr><td rowspan="2">改善前</td><td colspan="3">问题描述</td><td colspan="3">图示或数据</td><td colspan="3">改进对策（方案）</td></tr>
<tr><td colspan="3"></td><td colspan="3"></td><td colspan="3"></td></tr>
<tr><td rowspan="2">改善后</td><td colspan="3">有形效果</td><td colspan="3">无形效果</td><td colspan="3">图示</td></tr>
<tr><td colspan="3"></td><td colspan="3"></td><td colspan="3"></td></tr>
<tr><td rowspan="2">评价</td><td>评价项目</td><td>创新性</td><td>精细程度</td><td>管理成效</td><td>努力程度</td><td>难易程度</td><td>总得分</td><td>级别</td><td>评价人</td></tr>
<tr><td>得分</td><td></td><td></td><td></td><td></td><td></td><td></td><td></td><td></td></tr>
</table>

附件二　6S 改善提案评估标准

	A	B	C	D
创新性 30 分	有在全公司 推广的价值	有在全厂推 广的价值	有在本单位 推广的价值	有在本班组 推广的价值
	26 ~ 30 分	21 ~ 25 分	16 ~ 20 分	13 ~ 15 分
精细程度 20 分	很精细、规范， 现场美观	较精细、规范， 视觉效果良好	精细、规范， 视觉效果一般	有些粗糙， 视觉效果较差
	17 ~ 20 分	12 ~ 16 分	9 ~ 11 分	4 ~ 7 分
管理成效 20 分	成效显著	成效较好	成效好	成效一般
	创效 100 万元以上	创效 50 万元以上	创效 10 万元以上	创效 5 万元以上
	17 ~ 20 分	13 ~ 16 分	9 ~ 12 分	5 ~ 8 分
努力程度 15 分	最大努力	很努力	相当努力	一般努力
	12 ~ 15 分	9 ~ 11 分	5 ~ 7 分	2 ~ 4 分
难易程度 15 分	管理改善	深层次改善	一般改善	简单直观改善
	12 ~ 15 分	9 ~ 11 分	5 ~ 7 分	2 ~ 4 分

附件三　6S示范区申报表

编码：6S/F03 — 20011 — 2008　　　申报单位：

申报区域名称	填报人：

申报区域作业性质简述：

申报类型（请打"√"）

生产车间	检修车间	加工修理车间	备品备件存放区域	站所	库房	办公区	6S难点区域	其他

现场6S特点描述（可附图片）：
（从现场的规范性、目视管理的应用、注重细节、6S与专业管理的结合等方面进行描述）

<table>
<tr><td rowspan="3">单位意见：

单位领导签字
年　月　日</td><td colspan="6">厂评价：</td></tr>
<tr><td>规范性</td><td>目视管理应用</td><td>现场改善</td><td>6S责任体系运行</td><td>得分</td><td>是否评为示范区</td></tr>
<tr><td></td><td></td><td></td><td></td><td></td><td></td></tr>
</table>

附件四　6S示范区评比标准

项目	标准	评比赋分办法	备注
规范性30分	现场能够按照6S规范的要求，各类物品实施定置管理，常移动物品、工具进行定点管理，按照6S整顿的要求进行标志且标识较为规范，物品的放置方法能够遵循“易取易放”的原则	按照现行现场评价办法进行赋分，每有一处不符合6S整理整顿要求或规范要求的，扣1分，扣完为止	
目视管理的应用30分	能够充分地应用6S目视管理的方法，应用色彩、标识等方法，现场各种生产要素名称、顺序、状态、危险因素等一目了然，能够较强地提示现场职工开展工作。能够应用6S目视管理的方法，将6S与专业管理如设备、品质、安全、生产等结合，现场设备点检、品质管理、危险源点、操作要点等做到一目了然。能够利用看板展示的方法，营造6S管理文化	按照目视管理要求进行赋分，每有一处不完善扣2分，扣完为止。 根据看板的设计、表现形式、展示内容、日常管理分为三个档次分别赋分5、3、1分（加分项）	评比原则：评分高于90分的区域评为厂级的6S示范区
现场改善20分	从细节入手，现场的各种缺陷（不方便、不安全，跑冒滴漏，影响生产、设备、安全、品质等管理的因素）得到了治理	每发现一处缺陷扣2分，扣完为止	
6S责任体系的运行20分	该区域责任分配主体单一、界限清晰、内容明确，各级人员能够严格履行相关职责，责任落实到位	每有一项6S要素责任分配不到位扣1分，每有一项6S要素责任落实不到位扣1分，扣完为止	

附件五　星级班组申报表

编码：6S/F03 — 2007 — 2008　　　申报单位：

班组名称			
班组长姓名		班组人数	

主要业绩简介：
（从班组的6S管理、创新改善、自主管理、工作业绩等方面介绍）

<table>
<tr><td rowspan="3">单位意见：

单位领导签字
年　月　日</td><td colspan="6">厂评价：</td></tr>
<tr><td>自主管理</td><td>现场6S管理</td><td>工作业绩</td><td>创新创效</td><td>得分</td><td>班组级别</td></tr>
<tr><td></td><td></td><td></td><td></td><td></td><td></td></tr>
</table>

附件六 星级班组评比标准

项目	标准	评分办法	备注
自主管理30分	6S责任体系经过公司内审，运行情况良好，能够保证该单位日常现场处于较高的受控状态；班组日常的管理制度、台账、资料等较为完善；班组成员仪表整洁、语言文明、协调合作、充满活力	每有一项6S要素责任分配不到位、每有一项6S要素责任落实不到位，扣1分，每有一次管理人员未落实监督检查责任、不执行制度、制度、台账、管理资料等不完善，扣1分，班组员工仪表不整洁，语言不文明一人次，扣2分，扣完为止	得分高于90分的为五星级班组；得分在85～89分的为四星级班组；得分在80～85分的为三星级班组
现场6S管理40分	所属工作现场6S管理水平较高，达到了该现场年度6S管理目标	根据工作目标细化后的工作标准进行评分，每有一处不符合标准扣2分，扣完为止	
工作业绩30分	工作业绩较为突出，能够出色完成本班组日常的工作任务，一年内无安全、品质、生产、设备等事故发生，班组成员无违规、违纪现象	根据工作业绩分为优、良、中三个档次，分别赋分20分、18分、15分；每有一次安全、品质、生产、设备等事故发生扣5分，每发生违规违纪现象一次扣3分，扣完为止（扣分项）	
创新创效（加分项）	充分发动职工积极参与公司、厂如TPM、QC、6S自主改善等活动，创新改善效果较为明显；班组所属现场被评为公司级的示范区	1. 班组成员自主改善提案每有一项获公司一、二、三等奖的分别加3、2、1分，获厂一、二、三等奖的分别加2、1、0.5分 2. 班组所属现场每有一个区域被评为公司6S示范区加3分	

附件七 某年某季某厂（部、处）6S 管理改善提案汇总表 1

序号	车间（科室）	提案人	实施人	提案名称	类别	单位初评	改善效果金额折算

附件八　某年某季某厂（部、处）6S管理改善提案汇总表2

核准人		登记人		实际总人数		提案总人数	

提案总件数		单位总点数		人均提案数		人均点数		参与率	

等级	特级	一级	二级	三级	四级	五级	六级	七级
件数								

序号	车间（科室）	提案人	实施人	提案名称	类别	单位初评	6S管理复评	点数	奖励金额	改善效果金额折算

附件九　6S管理建议型改善提案联络记录表

序号	提案名称	提案单位	提案者	日期	联络单位	能否实施	回复者	回复内容

二、6S现场管理等级达标考核标准

6S现场管理等级达标考核标准（总分100分）

考核项目	考核内容	要求	适用等级	标准分	评分标准	考核部门
1 6S管理体系（8分）	1.1 6S管理组织机构	（1）建立以部门行政负责人为核心的6S管理领导小组。同时指定一名副手，具体负责此项工作。	各级	0.5	没有部门行政负责人参加的小组不得分。	6S管理办公室
		（2）有周检查、月评比记录。	各级	1	没记录不得分，每少一个月扣0.5分。	
	1.2 6S管理软件	（3）有切实可行的工作目标，并将目标分解到位。	各级	1.5	没有计划目标不得分，有计划目标但未分解扣0.5分。	
		（4）有相适应的奖惩制度和细化标准，并能严格执行。	各级	1.5	没有奖惩制度和细化标准扣1.5分，有制度未执行扣0.5分，未细化标准扣1分。	
		（5）定置管理台账、表、巩固提高措施、工作总结齐全。	各级	0.5	缺少一项扣0.1分。	
	1.3三级管理网运行状态	（1）6S管理月报能及时反馈，并能反映实际问题，信息反馈品质高。	各级	1	检查时每少一个月扣0.5分。	
		（2）兼职员是否有日常巡查记录，能否真实反映现场实际问题，每周及时公示。	各级	1	缺少一项扣0.1分，每少一周扣0.5分。	

续表

考核项目	考核内容	要求	适用等级	标准分	评分标准	考核部门
	1.4 创新与改善 1.5 公示台	在6S管理工作中不断开展制度创新、管理创新。 每月将本部门6S管理考评结果公示，能真实反映问题。 （1）涂防水涂料。 （2）色泽采用企业文化建设手册——物质文化建设标准分册（以下简称分册）。	各级 各级 1级		每一项成果加5分	
2 工厂房外观	2.1 外墙表面 2.2 窗 2.3 进货大门 2.4 工厂房外部通风设备 2.5 工厂房指示信息	保持完好无损，油漆表面光亮，颜色统一。 开关自如，表面无坑及划伤，统一着蓝白相间套色，保持色泽如新，表面清洁。 （1）已报废的设备一律拆除。 （2）在用的要保持完好无损，统一着淡灰色。	1级 ≥2级 ≥2级 ≥2级 ≥2级	1	公示不及时，搞形式化不得分。 考核项目中，工厂房外观是优化生产现场的必要条件。因此，此项考核内容中，三项未达标可视为不通过，予以否决。不能申请二级以上达标	工厂6S管理考评组
3 生产现场	3.1 墙壁	（1）统一标识工厂房编号，并有明显工厂标识。 （2）各工厂房主要进出口处应挂置部门名称牌匾，按分册执行。 （3）洁白，光滑，无坑、洞，无灰尘、污迹。 （4）未经企业文化办批准，禁止私自张贴标语及宣传画。	≥2级 各级 1级 各级		生产现场考核项目是优化6S管理的基础工作，其中绝大部分是二级以上必须达到的项目，因此，列为否决项，不予以评分	

续表

考核项目	考核内容	要求	适用等级	标准分	评分标准	考核部门
	3.2 地面与通道	(1) 应保持平整、光亮，达到“六无” （无尘、油污、痰迹、积水、烟蒂杂物、加工屑）。 (2) 通道畅通，无占用通道的阻碍物，且保持干净。	各级 各级			
	3.3 棚顶	(1) 洁白，无墙皮脱落，无漏雨痕迹。 (2) 钢梁可视部分无尘，统一着乳白色防腐漆。 (3) 天窗完好无损，开关自如，采光、透气性处于良好状态。	≥2 级 ≥2 级 ≥2 级			
	3.4 管道（风、水、电、气）	(1) 按照有关技术规定，分别统一着色。 (2) 杜绝跑、冒、滴、漏现象；拆除一切报废管道。保持布线合理、安全、美观。	≥2 级 各级	元		工厂6S管理考评组
	3.5 配电柜、电器开关箱	(1) 已报废的一律拆除，不留痕迹。 (2) 在用的要保持清洁，表面光亮。 (3) 统一着银灰色漆。	≥2 级 各级 1 级			
	3.6 物品管理彩标化	(1) 二级达标以上部门必须实施区域物品摆放管理彩标化。 (2) 区域线色调清晰，标识准确，一对一摆放。 (3) 区域线无破损、脏污。 (4) 严禁混放、乱放。	≥2 级 ≥2 级 ≥2 级 ≥2 级			

续表

考核项目	考核内容	要求	适用等级	标准分	评分标准	考核部门
	3.7各类物品摆放	(1) 目视整齐，统一规范。	各级		同前	工厂6S管理考评组
		(2) 表面要保持清洁、无尘、无油污。	各级			
	3.8生产现场定置总图与挂置	(1) 定置总图板符合6S管理规定要求，挂置在工厂房主要出入口处。	各级			
		(2) 图板无破损，表面清洁，无灰尘、污迹。	各级			
		(3) 图面清晰，无脱落。	各级			
	3.9工厂房灯光	根据工厂房空间大小，配置不同规格的高效节能灯，照度应满足生产照明需要。	1级			
4各区域定置（20分）	4.1封闭区域（加工间、成品库、周转间）	(1) 出入口应挂置工厂统一制作的指示信息牌（门牌）。	各级	2	现场检查有一处不挂牌扣0.1分	6S管理办公室
		(2) 门应统一着乳白色。	≥2级	1	不统一不得分。	
		(3) 区域内各类物品定置合理，符合工艺标准及各种技术条件。	≥2级	2	有一处不符合扣0.2分。	机械设备科
		(4) 无任何闲置物品和报废设备，无卫生死角。	各级	2	有一处清理不到位扣0.5分。	武装保卫科
	4.2敞开区域定置	(1) 标志线清晰，物品摆放整齐，实施标线定位管理。各定置区域要有明确的指示信息牌及责任卡。	≥2级	2	有一处不符合要求扣0.2分，牌、卡缺一项扣0.3分，没有标线定位管理扣1分	

续表

考核项目	考核内容	要求	适用等级	标准分	评分标准	考核部门
	4.3工艺装备的管理	(2) 生产区域不应存在各种偏厦以及报废和长期闲置设备。	各级	2	有一处偏厦未拆除不得分，有一台报废设备扣0.3分。	6S管理办公室机械设备科
		(3) 废品、易燃、易爆、危险品要彻底封闭，并撤离生产现场，设专人挂牌保管。	各级	2	现场有一处不符合要求扣1~2分。	
		(4) 待处理品需上账，并有效隔离。	各级	1	未建账一项扣0.1分，没有效隔离一处扣0.2分。	
		(5) 生产区域禁止存放非零工序物料、油桶、各种液体、化工原料。	1级	3	生产区长期存放非零工序料扣2分。	
		(1) 加工后的边角余料、工艺装备用后应及时归位。	各级	1	每发现一处扣0.5分。	
		(2) 工艺装备要分类摆放，明确标识，保持完好，无灰尘、油污。	≥2级	2	每发现一处不符合项扣0.2~0.5分。	武装保卫科
5物流管理(10分)	5.1各种待加工品的定置	(1) 周转箱，做到搬运方便，整齐摆放，没有相互磕碰现象，无尘、无油污，架上保持清洁，明确标识。	各级	1	不按要求摆放一处扣0.2~0.5分。	
		(2) 产品包装箱摆放整齐，朝向一致，保持清洁。	各级	1	落地、不整洁，有灰尘、油污，一处扣0.2分。摆放不整齐一处扣0.1分。	

续表

考核项目	考核内容	要求	适用等级	标准分	评分标准	考核部门
		（3）大件包装按区域指定地点放置整齐，朝向一致。采用标准木方铺垫。	各级	1	不符合要求一处扣0.1～0.5分。	6S管理办公室 质管科 武装保卫科
		（4）关键部件、重要产品必须有专用工位器具存放，其安置率应达100%。	各级	0.5	达不到100%安置不得分，摆放无区域一处扣0.5分。	
	5.2各类回收物品、垃圾的定置	（1）应采用彩标化容器管理。回收物容器为铁黄色；垃圾的容器为黑色。	≥2级	1	没实施彩标化不得分。	
		（2）不得混放。	各级	1	混放扣0.2～1分。	
		（3）做到日产日清，保持容器外表面清洁，而且存放物不溢出。	各级	1.5	容器表面不洁扣0.5分，容器周围不洁一处扣0.2～0.5分。	
	5.3各种车辆管理	（1）保持车况状态良好，统一挂置工厂标，内外保持整洁。	各级	0.5	车况不良不得分，内外不清洁扣0.2分，没有工厂标扣0.2分。	
		（2）驾驶员行车持证上岗，安全行驶。	各级	5	每人次无证上岗、违章扣0.5分。	
		（3）生产现场不设置机动车辆停放区域，按指定区位有序停放。	1级	1	达不到要求不得分。	
		（4）自行车、助力车、摩托车入车棚整齐有序存放，严禁乱停乱放。	各级	1	自行车一辆扣0.2分，助力车、摩托车一辆扣0.5分。	

续表

考核项目	考核内容	要求	适用等级	标准分	评分标准	考核部门
6工具管理（12分）	6.1工具箱管理	（1）工具箱可采用木、铁制两种（海蓝色）。其式样可根据车间而定，但必须是一个工厂房内统一规格。操作者依据工序或岗位，原则上只配置一个。	各级	1.5	颜色规格不统一扣1.5分，不按要求配置每发现一人次扣0.2分。	6S管理办公、工具管理科、质管科
6工具管理（12分）	6.1工具箱管理	（2）箱内只允许摆放工具，同工种工具应统一摆放；工具手册、上岗证用塑料袋装置，粘贴门壁内侧，确保账物相符；工具摆放形迹化或格子化；禁止存放卷烟材料及生活用品、报刊等。	≥2级	2	工具没有形迹化摆放不得分；没有格子化，每个工具箱扣0.2～0.5分；有多余物每个扣0.1分。	6S管理办公、工具管理科、质管科
6工具管理（12分）	6.1工具箱管理	（3）表面保持整洁，无尘、污迹，摆放后要目视成行。	各级	1	表面不洁每个扣0.1分，摆放不整齐扣0.5分。	6S管理办公、工具管理科、质管科
6工具管理（12分）	6.2工作台	（1）工作台颜色统一为海蓝色。	各级	1	颜色不统一扣1分。	6S管理办公、工具管理科、质管科
6工具管理（12分）	6.2工作台	（2）抽屉分类摆放工具、上岗证、工具本、工艺规程、工艺文件、卡片等技术资料；禁止存放卷烟生产用料、废品等多余物品。	各级	1	不按要求摆放，有多余物每个扣0.2分。	6S管理办公、工具管理科、质管科
6工具管理（12分）	6.2工作台	（3）表面要保持整洁，做到无边角余料、加工屑、污迹，台下无任何物品堆积，周围地面保持清洁；	各级	2	台面不整洁，一个扣0.2分，台下有多余物，一个扣0.2～0.5分。周围地面不洁，扣0.2～0.5分。	6S管理办公、工具管理科、质管科

续表

考核项目	考核内容	要求	适用等级	标准分	评分标准	考核部门
		(4) 检验工作台面的卷烟要分类摆放，状态明确，设统一标牌管理。	各级	1	摆放混乱，状态不明，牌物不符一处扣0.1～0.2分。	
	6.3 风泵、风带	(1) 风泵应集中摆放，统一管理，用后归位。	各级	0.5	用后不归位每台扣0.2分。	
		(2) 风泵摆放区域要挂牌，设专人负责清扫。	各级	1	清扫不彻底，有油污、灰尘，一台扣0.2～0.5分。	
		(3) 风带用后应盘好并及时归位。	各级	1	工厂房内乱拉风带，一处扣0.2～0.5分。用后不及时盘好归位，每根扣0.2分。	
7 信息管理（8分）	7.1 定置信息标牌	(1) 按企业文化建设手册——物质文化建设标准分册。	各级	1	不按要求办一处扣0.1分。	6S管理办公室
		(2) 挂置醒目合理，不重复、不误指。	各级	3	有一处误指扣0.2分，有一处有物没牌扣0.2分。	
	7.2 信息板	生产现场各类信息板、揭示板中图表端正，字迹工整，专人负责，定期更换内容，保持清洁。	各级	5	不符合要求扣0.2～0.5分。	
	7.3 指示信息标志牌	(1) 各类门牌及现场物品摆放区域标志牌，按企业文化分册执行。	各级	5	不符合标准扣0.2～0.5分。	
		(2) 引导准确、挂置醒目。	各级	1.5	误导、无牌有一处扣0.2～0.5分。	

续表

考核项目	考核内容	要求	适用等级	标准分	评分标准	考核部门
	7.4 企业文化宣传板	(1) 按企业文化要求统一。 (2) 要求设在主通道两旁，保持表面如新，字迹工整。	1级 1级	1 0.5	达不到要求扣0.5~1分。乱涂乱画、不整洁，扣0.2~0.5分。影响形象不得分。	
8 库房管理(10分)	8.1 环境	(1) 四壁洁白，无灰吊。 (2) 窗明、架净、无杂物。 (3) 地面保持清洁，无痰迹、纸屑、烟蒂。 (4) 温、湿度符合专业技术要求，记录齐全。 (5) 库房每个保管人员只许配桌椅一套，除应有的配套台子外，其余均属多余物。禁止拉绳晾晒衣物、养花及存放与本库房无关的物品。	各级 各级 各级 各级 各级	1 1 0.5 0.5 1	不符合要求一处扣0.2分。 窗玻璃一处不干净扣0.1分，架上有多余物一处扣0.2分。 不符合要求扣0.2~0.5分。 记录不全每次扣0.1分。 桌椅每多一个扣0.2分，拉绳晾晒衣物、养花扣1分。	同前
	8.2 物品管理	(1) 账、物相符，统一标注“四号定位”坐标，并按位摆放。 (2) 各类物品要求系列化摆放。 (3) 有存储期限的物品应设有提示栏，准确提示物品名称、规格、数量及有效期限。超期物品应下架，并实施有效隔离。	各级 1级 各级	1 1 1	账、物不符一处扣0.5分。“四号定位”有差异扣1分。军、民品混放扣0.2~0.5分。 无系列化不得分。 没有有效的提示扣0.2~0.5分。没有有效隔离一项扣0.5分。	器材采购部工具管理科 6S管理办公室

续表

考核项目	考核内容	要求	适用等级	标准分	评分标准	考核部门
	8.3露天库	（4）储物间清洁整齐，物品分类摆放，符合定置要求，无应库管物品。 （1）工厂房内外露天库要设围栏，门上锁，设专人负责，挂牌管理，严禁各部门物擅自围建。 （2）工厂房内露天库料要分类摆放，朝向一致，账物相符整齐摆放，明确标示。 （3）工厂房外露天库物品要分类、分区摆放，无杂草、枯枝、垃圾、杂物、毛料、废料。 按设备特性，定员操作，并经技术考试，持证上岗。	各级 各级	0.5 1 0.5 1 1	物品未分类、未定置不得分，有多余物品扣0.1分。 无蓝色露天库牌及围栏不得分，无门、无锁扣0.5分； 无分类不得分；没有标志每处扣0.1分； 无分类、分区不得分，有垃圾、杂草一处扣0.1分。	同前
9设备管理（5分）	9.1定人、定岗 9.2管理与保养	（1）操作者应熟练掌握“三好”“四会”，保证设备完好，实施挂牌管理。 （2）新进设备和进口设备除外，其他设备要统一着豆绿色漆；吊车着橘黄色漆；高速旋转体（大飞轮、大皮带、大齿轮等），安全装置着大红色，快速移动体着浅铁黄色。 （3）设备保持良好状态，做好日常保养、点检，导轨表面无堆积物，设备表面保持光亮，无污迹、油泥。 （4）机床设备脚踏板要统一规格，着深色漆。	各级 各级 ≥2级 各级	1 0.5 1 0.5	抽查10%的操作工人，每发现1人次不符合扣0.2分。 抽查“三好”“四会”应知人数，每发现1人不会扣0.2分，设备状态牌不挂，1台扣0.1分。 未达到统一着色不得分。 一、二级保养不好不得分；导轨表面有堆积物，设备表面有污迹、黄袍，1台扣0.2～0.5分。 不符合要求不得分。	器材采购部工具管理科 6S管理办公室

续表

考核项目	考核内容	要求	适用等级	标准分	评分标准	考核部门
		(5) 精密贵重设备及关键设备 (A类设备),应设有该设备性能简介及操作者维护使用牌,并设置在机台旁。	1级	0.5	不符合要求不得分;设备性能简介及操作者维护使用牌损坏、脏污扣0.1分。	机械设备科
		(6) 生产现场可移动设备要实施区域定位摆放管理,标识准确,附有责任卡,保持清洁,做到用后归位。	各级	0.5		
10安全管理(7分)	10.1技安消防	(1) 可移动消防器材区域定位,定置摆放,设专人负责,明确标志、电话号码准确,其配备应满足需要。	各级	0.5	无区域摆放不得分,用后不归位每台扣0.1分;无标志、责任卡每台扣0.1分。 消防器材箱没有责任人和电话119,每个扣0.1分。	武装保卫处技安处
		(2) 墙壁消火栓、立式消防柜前2米内,禁止存放一切物料和遮挡。	各级	0.5	消火栓每发现一处遮挡或阻塞扣0.1分。	
		(3) 安全人员要定期检查器材,器材和器材箱要保持清洁整齐,器材完好,严禁超期。	各级	0.5	发现每过期一个扣0.2分,器材和器材箱不清洁,每个扣0.1分。	
		(4) 生产现场禁止存放油桶、冷却液、各种化工原料。	各级	0.5	每发现一处扣0.5分。	
		(5) 生产现场及各类危险点不应有不安全因素存在。		0.5 5	达不到消防安全管理要求扣0.5分。	

续表

考核项目	考核内容	要求	适用等级	标准分	评分标准	考核部门
	10.2 消防通道	(1) 不堵塞，标志线清晰。	各级	1	每堵塞一处扣0.5分，标志线不清一处扣0.2分。	
		(2) 通道两旁物品要目视成行，禁止超高（>1.5m）及不稳定的放置现象。	各级	1	物品摆放不整齐扣0.2～0.5分，超高不稳定一处扣0.5分。	
	10.3 安全操作	(1) 各类设备安全操作规程，按职能部门要求要制作，并挂置在设备附近，且醒目、清晰、无尘。	各级	1	没有操作规程一处扣0.1分，不清晰扣0.1分，不挂在机台附近酌情扣分。	
		(2) 无违章作业、违章指挥，禁止酗酒操作。	各级	0.5	违章作业、指挥1人次扣1分，酗酒操作1人次扣2分。	武装保卫处
		(3) 劳动防护措施符合规定。	各级	0.5	发现有1人次不符合规定扣0.1分。	
		(4) 交接班记录齐全，填写准确，字迹工整。	各级	0.5	交接班记录不齐全扣0.5分，填写不认真，字迹不清一处扣0.1分。	
11 生产辅助区域定置（15分）	11.1 工人更衣室	(1) 四壁洁白、无尘、无灰吊。	1级	5	不符合要求扣0.2～0.5分。	
		(2) 窗明几净；地面保持清洁，达到无烟蒂、纸屑、杂物。	1级	5	不符合要求扣0.2～0.5分。	
		(3) 有定置图、图物相符。	1级	0.5	一处图物不符合扣0.1分；无图不得分。	
	11.2 更衣柜	(1) 内外保持整洁，有定置编号，规格统一，颜色一致（浅绿色）。	各级	0.5	不统一规格、颜色扣0.2～0.5分，不清洁，有灰尘、污迹，无编号，每个扣0.1分。	

续表

考核项目	考核内容	要求	适用等级	标准分	评分标准	考核部门
		(2)柜内定置图物相符，禁止存放过季物品及非生活用品。		0.5		
		(3)每个员工只配一个柜子，原则上技职人员不配置。技术科处的试验室除外。				
12生产部门办公区域的6S管理	12.1办公室环境	(1)建立办公室文明整洁规范，责任落实到人。 (2)部门要制定6S考核标准，建立检查考核制度。 (3)办公室内物品按定置要求摆放；办公设施完好整洁，各类电器导线要集束，整齐、美观。 (4)四壁洁白，棚顶无灰吊。 (5)地面保持整洁，做到无纸屑、烟蒂、杂物及油漆脱落等。 (6)窗明几净，灯具无尘。 (7)照明设施完好整洁，张贴、悬挂物与其环境和谐、统一。 (8)岛式办公隔板禁止挂置衣物、手巾及粘贴与办公无关的资料、图片。	1级 各级 各级 各级 各级 各级	0.5 0.5 0.5 0.5 0.5 0.5 0.5 0.5 0.5	图物不符一处扣0.1分，放置过季衣物及非生活用品每发现一个扣0.1分。 不符合要求扣0.1～0.5分。 室内无员工卫生值日表不得分； 无考核标准扣0.5分；无周检查、月评比扣0.1分。 图物相符一处扣0.1分；电器导线未集束，且有灰尘、污迹每处扣0.1分。 一处不符合要求扣0.1分。 地面不洁每处扣0.2分。 一处不符合要求扣0.1分。照明设施损坏每发现一处扣0.1分，张贴、悬挂物不协调有一处扣0.1分。 每发现一处扣0.1分。	武装保卫处

续表

考核项目	考核内容	要求	适用等级	标准分	评分标准	考核部门
	12.2资料柜	(1) 内置物品要分类摆放，图物相符、摆放整齐，禁止存放与工作无关的用品。	各级	0.5	不按要求摆放一处扣0.2分，图物不符一处扣0.1分。	行政科 6S管理办公室
		(2) 保持柜子完好无损，内外清洁，并有定置编号。	各级	0.5	无定置号一个扣0.1分，破损不清洁一个扣0.1~0.2分。	
		(3) 文件资料要分类摆放，在文件夹（盒）内，附上文件目录。	各级	0.5	文件资料未归类摆放不得分，资料（盒）无目录扣0.1分。	
		(4) 文件夹（盒）正面和端面加贴印刷字体打印的索引标志。	各级	0.5	文件夹、资料盒、图纸包无索引标志，每件扣0.1分。	
		(5) 计算机内文件应存储有序、合理，易于检索查找，不得散放。	各级	0.5	文件资料未按要求存储每台扣0.1分。	
	12.3办公桌	(1) 桌面文件资料要求当日或三天内要用的，保持整洁，无与工作无关的物品，玻璃板下禁止放照片、图片。	各级	0.5	文件、资料摆放较乱，一个台面扣0.2分。玻璃板下不符合要求，每个台面扣0.2分。	
		(2) 抽屉内物品要分类摆放，保证办公最低限量用品，确保图物相符。	各级	0.5	图物不符一处扣0.1分。	
	12.4楼梯走廊环境	(1) 门厅、走廊、地面平整，无垃圾、烟蒂、纸屑、痰迹，保持洁净通畅。	各级	0.5	一处不符合要求扣0.1分。	
		(2) 墙壁洁白，窗明几净，无灰尘、灰吊。	各级	0.5	一处不符合要求扣0.2分。	

续表

考核项目	考核内容	要求	适用等级	标准分	评分标准	考核部门
		(3) 楼梯扶手、楼梯做到无尘，没有脱漆现象。	各级	0.5	脱漆一处扣0.1分，扶手有灰尘一处扣0.2分。	行政科 6S管理办公室
	12.5公共设施（洗手间、卫生间、浴室、水房、垃圾箱）	(1) 四壁粘贴瓷砖，且无污迹，门窗明亮，无灰吊。 (2) 洗手池、便池无污迹及残渣物。 (3) 地面镶地砖，且做到无积水、痰迹、烟蒂、纸屑、污迹、异味。 (4) 保持上下水畅通。 (5) 公共设施保持完好，环境卫生有人负责，并保持室内干净、明亮。 (6) 垃圾清理及时，垃圾箱及周围无污染。	各级 各级 各级 各级 各级 各级	0.5 5 0.5 0.5 5 0.5 0.5	没有瓷砖扣0.1分，有污迹扣0.2分，门窗不净一处扣0.1分。 一处有污迹扣0.2分。 地面不符合要求一处扣0.2分，有异味否决厕所考核。 堵塞一处扣0.1~0.2分。 公共设施每损坏一处扣0.1分，责任不落实扣0.1分。 垃圾不能及时清理，且外溢每发现一处扣0.5分。 有一处偏厦未拆扣0.5分。	
13工厂区环境的管理（5分）	13.1工厂房周围环境 13.2责任区卫生	(1) 工厂房周围不应有违建、自建偏厦，道路两侧严禁长期停放物品。 (2) 绿地和卫生责任分担区，无枯枝败叶、枯死、绿地损伤、杂草、废弃物、卫生死角。	各级 各级	2 3 1	不符合要求一处扣0.2分。	

注：本表中涉及的颜色按GLC 10400-1的规定执行。

工厂机关科室6S管理星级达标考核标准（总分100分）

考核内容	标准分	评分标准
1. 成立以行政一把手为组长的6S精益管理活动领导小组，并有专人负责实施和考核。	3	没有不得分

续表

考核内容	标准分	评分标准
2. 领导小组制定6S管理制度和工作标准。	3	没有不得分
3. 部门领导坚持每天组织对各室进行6S管理巡查，并做好记录。	3	没有不得分
4. 办公室门牌符合CIS标准制作。	2	没有不得分
5. 办公室内要有定置图放在本室的计算机内。室内物品摆放整齐，符合定置图。	2	没有定置图不得分、不合格扣1~3分
6. 员工工作时间必须穿工作服，并佩戴胸卡。	3	不合格扣1~3分
7. 部门每周至少检查一次6S，并有检查记录。	2	没有记录不得分、记录不全扣1~2分
8. 门厅、走廊、地面平整，无垃圾、烟蒂、纸屑、痰迹，保持洁净通畅。	2	一处不合格扣1~2分
9. 楼梯、走廊墙壁洁白，窗明，无灰尘、灰吊。楼梯扶手、楼梯做到无尘，没有脱漆现象。	2	一处不合格扣1~2分
10. 办公室、会议室、会客室、活动室、更衣室、休息室等应保持清洁。	2	一处不合格扣1~2分
11. 洗手间、卫生间、浴室、水房设施保持完好，环境卫生有人负责，并保持室内干净、明亮，做到无积水、痰迹、烟蒂、纸屑、污迹、异味。	2	一处不合格扣1分
12. 所有柜、架都应以室为部门统一编号、建账、有标识。	2	一处不合格扣1分
13. 办公桌、文件柜、文件架、更衣柜内部物品摆放整齐、分类清晰，文件柜内不得有生活用品，并做到标识统一。	2	一人不合格扣1分
14. 岛式办工隔板禁止挂置衣物、手巾及粘贴与办公无关的资料、图片。	2	一处不合格扣1分
15. 文件柜内置物品要分类摆放，图物相符、摆放整齐，禁止存放与工作无关的用品。	2	一处不合格扣1分
16. 文件夹（盒）正面和端面加贴印刷字体打印的索引标识。	3	一处不合格扣1分
17. 文件资料要分类摆放，在文件夹（盒）内，附上文件目录。	2	一处不合格扣1分
18. 办公桌面清洁，桌上不准摆放与办公无关的物品。	2	一处不合格扣1分
19. 抽屉内物品分类摆放，保证办公最低限量用品，图物相符。	2	一处不合格扣1分
20. 桌面文件资料要求当日或三天内要用的，保持整洁，无与工作无关的物品，玻璃板下禁止放照片、图片。	2	一处不合格扣1分

续表

考核内容	标准分	评分标准
21. 必须上墙的制度等，各办公室要统一，墙上、门上无乱贴、乱涂、乱挂现象。	2	一处不合格扣1分
22. 资料室资料按类摆放整齐，账、物、卡相符。	2	一处不合格扣1分
23. 微机、打印机、复印机、电话机表面应清洁，各种导线要集束	2	一处不合格扣1分
24. 窗台上只允许摆放花盆（每一窗台最多2盆）	2	一处不合格扣1分
25. 人员离开办公室时，桌面要整洁，椅子要紧靠办公桌摆正。	2	一处不合格扣1分
26. 地面、门窗、墙壁要清洁，顶棚无灰网，灯管、灯罩无灰尘。	2	一处不合格扣1分
27. 暖气罩、柜子上面、柜子表面应擦拭干净。	2	一处不合格扣1分
28. 清扫、清洁用具保持干净，并整齐摆放在合适位置，不得有碍观瞻。	2	一处不合格扣1分
29. 办公桌、书柜、铁柜等上面不允许堆放报纸、书籍等杂物。	2	一处不合格扣1分
30. 部门内部各业务室应有看板（如“人员去向板”“管理看板”等），公告栏、看板无过期张贴物，表单、通知定位在公告栏内。	2	一处不合格扣1分
31. 室内悬挂物（钟表等）端正、无破损、无灰尘。	1	一处不合格扣1分
32. 换下的衣服、鞋帽等统一放置在更衣柜内，不允许随意放在明面处。	2	一处不合格扣1分
33. 垃圾每天倾倒一次，周围无污染。不得把垃圾扔在垃圾箱（或纸篓）外。	2	一处不合格扣1分
34. 办公室内要保持肃静，严禁大声喧哗。	2	发现一人扣1分
35. 计算机内文件应存储有序、合理，易于检索查找，不得散放。	2	一人不合格扣1分
36. 禁止工作时间聚众聊天，读与工作无关的书报及杂志。	2	发现一人扣1分
37. 禁止随地吐痰，乱扔杂物，向窗外抛物、倒饭、倒水等。	3	发现一人扣1分
38. 禁止工作时间吃零食、睡觉、玩扑克、下象棋、干私活等。	3	发现一人扣1分
39. 工作时间不得做与工作无关的事情。	3	发现一人扣1分
40. 不得故意损坏工厂公共设施。	3	发现一人扣1分
41. 配合6S检查或干扰检查工作。	3	发现一人扣1分
42. 使用文明礼貌用语。	2	发现一人扣1分
43. 员工在工作时间内必须按着装规范穿工作服，并佩戴胸卡。	3	发现一人扣1分

续表

考核内容	标准分	评分标准
44. 人员下班或离开工作岗位 10 分钟以上，台面物品、办公椅归位与正进行的工作无关的物品应及时归位。	2	一处不合格扣 1 分
45. 各部门的室外分担区不得有垃圾等杂物。	2	一处不合格扣 1 分
46. 施工现场应做到边施工边清理，不得影响生产和职工的正常生活。	1	一处不合格扣 1 分
47. 施工后的地面、墙面应在完工 3 日内恢复原样。	1	一处不合格扣 1 分
48. 冬季按划分的清雪分担区以雪为令，雪停即扫，小、中雪当日清理完毕。清扫后的分担区路面、人行道露出原表面，无明显残余冰雪。		实行单项否决奖罚制

三、6S 现场管理工作台账

6S 管理（整改）通知单
    6S 管理办公室 年　月　日

6S 管理检查记录表

被检部门		日期	
检查内容			
存在的问题			
处理方法			
检查人			

6S管理自查月报表

被检部门		日期	
检查内容			
存在的问题			
整改措施			
需协调项目			
填表人		部门领导	

6S 管理工作台账

序号	单位	姓名	职务	名称	定置区域	定置号	备注

一、基本情况

6S 管理领导小组组长		6S 管理主管领导		领导小组总人数	
职工总数		现场兼职管理员数		拟达标工厂房号	
安全通道总长度		定置板图总数		定置台账份数	
备注					

二、各类定置信息标志分类情况

类别	A类			B类		C类			D类			T类		临时	责任卡
数量															
备注															

三、生产现场定置实施情况

序号	内容	单位	数量	已定置数（定置率≥95%）
1	零件架	个		
2	可移动设备	台		
3	工具箱	个		
4	器材柜	个		
5	工作台	个		
6	更衣柜	个		
7	工位器具	个		
8	工夹具、模胎、计量设备	台		
9	现场围栏	米		
10	车辆	台		

四、各类库房定置情况

序号	1	2	3	4	5	6	7	8	9	10	11	12	13			
名称	工具库	材料库	成品库	零件库	半成品库	劳保库	备件库	工装库	油库	标准件库	露天库	临时库	其他			
数量																

五、办公室定置情况

名称	办公桌	资料柜	……	
数量				
备注				

续表

六、6S 管理的投入与改善
1. 自筹资金项目与费用：
2. 通过 6S 管理工作，使本部门的各项管理工作有所提高：（阐明要点及成果）

填表说明

1. 本表一式二份，一份部门留存，一份送交工厂6S管理办公室存档。
2. 表中第六项填写时，如篇幅不够，可另附纸张附后。
3. 本表在工厂验收前，填写完毕。

响应

原因

现象
指责
指责
· 乱
· 麻烦
· 差不多
· 恢复脏乱
· 乱了
· 脏了
指责高手

6S 兼职管理员检查记录表

序号	检查项目	要求	是	否	问题说明
1	生产区域	是否有纸屑、积水、油污、痰迹、烟蒂			
2	通道	是否有物品占道			
		是否有垃圾、积水、油污、加工屑、痰迹、烟蒂			
3	加工零件	小件装箱，中件上架，大件用标准木方铺垫，摆放是否朝向一致			
		零件架上是否有多余物及污迹			
4	工装夹具	用后是否归位			
		表面是否有油污、加工屑			
		摆放区域内或架上是否清洁			
5	移动设备	用后是否归位			
		设备表面是否清洁			
6	工具箱、工作台、更衣柜	是否有污迹和灰尘			
7	工厂房内	墙壁是否有灰吊、污迹			
		是否有自行车、摩托车			

续表

序号	检查项目	要求	是	否	问题说明
8	易燃易爆物品	是否存放在生产现场			
9	设备	是否漆见本色、铁见光			
10	车辆	班后车辆是否归位			
11	休息室	环境卫生是否清洁			
		是否有多余物品			
被检部位		兼职6S管理员		日期	单位主管领导

注：1. 被检部位需填写工厂房名称或车间名称及班（室）组，部门主管领导每周对检查情况审阅签字后，公示于车间现场管理看板自查栏目中。

2. 表格中的是、否可用“√”号填写。

班组员工6S管理活动周检查状态表

部门：　　　工段：　　　班组：　　　　　年　　月　　日

姓名				
项目＼周期	第一周	第二周	第三周	第四周
工装、设备无灰尘、油污				
工具箱清洁、工具账物相符				
零件状态明确，摆放整齐				
器具架无尘，物料按区摆放				
工作台、柜按图摆放物品				
现场责任区地面是否清洁				
零件按区摆放无落地现象				
电脑柜内显示屏、键盘要清洁				

续表

姓名				
项目 \ 周期	第一周	第二周	第三周	第四周
按规程操作，无违章现象				
车辆及可移动设备按区摆放				
考核人	班长	班长	班长	班长

注：1. 班长每周对班组员工6S检查考核，按检查项目没有问题的在表格中打√，有问题的在表格中打×。

2. 班组员工四周累计考核有4项不合格，视为月份6S考核不合格。

3. 责任人对其出现的问题未及时整改，班长可酌情上报工厂领导，按工厂现场管理奖惩制度予以处罚。

四、6S精益管理墙标语

企业在推行6S活动的同时，还可以把经典的标语做成实体的标语挂图，挂在办公室、会议室、培训室、生产车间、公司走廊、食堂等公用场所，通过不断重复的视觉和思维冲击，让标语反映6S效果、理念、方法、技巧、作用等，通过可视化的标语形式，潜移默化地深入管理者和员工内心，学习成本低廉，学习效果非凡，最终达到推广6S精益管理、提升员工职业素养、保持良好的现场环境、树立良好的企业形象等效果。以下标语供读者参考使用（想了解更多企业管理方面的标语，可阅读人民邮电出版社出版的《企业墙标语：一流的执行必有一流的文化》一书）。

6S推广标语

1. 积极投入齐参与，自然远离脏乱差。

2. 推行6S活动，提升员工品质。

3. 减少浪费，提升品质，整齐舒适，安全规范。

4. 6S是安全的软件设备，6S是高效率的前提，6S是交货期的保证，6S是节约的能手，6S是品质零缺陷的护航者，6S是企业最佳的推销员，

6S 是企业管理的基础，6S 是标准化的推动者。

5. 摒弃坏习惯，打造新风气。

6. 企业是我家，美化靠大家！

7. 6S 是企业洁净、亮丽、整齐、舒适、安全的法宝！

8. 告别昨日，挑战自我，塑造企业新形象。

9. 6S 管理很全面，齐抓共管是关键。

10. 6S 是改善的前提，是标准的基础，是效率的保障。

11. 工作时时追求改善，方法始终不离 6S。

12. 不会做小事的人，永远做不了大事。

13. 管理职责化，工作标准化，办事程序化。

14. 零浪费、零库存、零不良、零故障、零停滞、零事故。

15. 努力是将工作做完，用心是将工作做好。

16. 学习改变观念，观念改变行动，行动改变命运。

17. 珍惜资源永续利用，美化环境净化心灵。

18. 追求卓越的过程，享受完美的结果。

19. 人人有改善的能力，事事有改善的余地。

20. 消极被动，迟早无用；积极主动，定能成功。

21. 态度决定一切，细节决定成败。

22. 企业以人为本，员工以厂为荣。

23. 制度是创造优秀员工的基石，标准是造就伟大企业的砖瓦，6S 是落实制度的标准的工具。

24. 现场差，则市场差；市场差，则发展滞。

25. 推动全员 6S 活动，提高全员工作士气。

26. 全员参与，强化 6S，精益求精，成就卓越。

27. 减少浪费，降低成本，气氛融洽，工作规范，提升品质，安全保证。

28. 有品质才有市场，有改善才有进步。

29. 建设绿色企业，坚持绿色经营。

30. 企业就像一朵花，枝繁叶茂靠大家！

31. 企业精益管理八荣八耻：

以热爱整理为荣，以杂乱无序为耻；
以勤做整顿为荣，以胡乱摆放为耻；
以常做清扫为荣，以应付检查为耻；
以清洁舒适为荣，以破坏环境为耻；
以安全生产为荣，以违章操作为耻；
以高尚素养为荣，以素质低下为耻；
以爱岗敬业为荣，以敷衍了事为耻；
以勤俭节约为荣，以懒惰浪费为耻。

6S 执行标语

1. 想一想，研究改善措施；试一试，坚持不懈努力。
2. 实施效果看得见，持之以恒是关键。
3. 整理整顿做得好，清扫清洁没烦恼。
4. 清扫清洁坚持做，美好环境真不错。
5. 6S 效果要全面，持之以恒是关键。
6. 整理整顿做得好，工作效率步步高。
7. 工作效率想提高，整理整顿先做好。
8. 改善措施是基础，不懈努力是关键。
9. 决心、用心、信心，6S 活动有保证。
10. 只有不断地检讨修正，才能持续地改善提升。
11. 日常记录好习惯，追溯分析利改善。
12. 改善品质要规划，坚决推动标准化。
13. 抓住不落实的事 + 追究不落实的人 = 落实。
14. 想到了 + 做到了 + 做好了 = 100 分。
15. 人人有改善的能力，事事有改善的余地。
16. 人的能力是有限的，人的努力是无限的。
17. 老问题、小地方，常是品质致命伤。
18. 分析原因要认真，解决问题要彻底。
19. 不成多面手，难当一把手。
20. 今天比昨天做得好 明天要比今天做得更好。
21. 日复一日，精益求精；年复一年，效益满赢。

22. 6S 精益管理要诀：

整理：区分物品的用途，清除不要用的东西。

整顿：必需品分区放置，明确标识，方便取用。

清扫：清除垃圾和脏污，并防止污染的发生。

清洁：维持前 3S 的成果，制度化、规范化。

素养：养成良好习惯，提高整体素质。

安全：确保工作生产安全，关爱生命，以人为本。

23. 人人做整理，工作有条理；全员做清扫，环境更美好。

24. 行动是成功的开始，等待是失败的源头。

25. 累积点滴改进，迈向完美品质。

26. 小问题，要重视；老毛病，要根治。

27. 细心、精心、用心，现场永保称心。

28. 6S 精益管理要诀：

整理：下定决心，去芜存菁。

整顿：精心策划，节约空间。

清扫：要有耐心，从我做起。

清洁：称心如意，清爽环境。

素养：信心提升，效率保证。

安全：安全生产，后顾无忧。

29. 彻底整理，合理整顿，持之以恒，效果展现。

30. 零库存，零浪费，零不良；零故障，零停滞，零灾害。

31. 人人做整理，工作有条理；全员做清扫，环境更美好。

整理

1. 把物品区分要和不要，不要的物品坚决处理。
2. 人人把好整理关，环境满意我喜欢。
3. 整理做得好，生产管制难不倒。
4. 改变观念，废物利用；资源回收，持续发展。
5. 垃圾处理要分类，循环利用少浪费。
6. 消除一切浪费追求，精益求精和不断改善。
7. 人人做整理，工作有条理。

整顿

1. 把整理好的物品明确，规划定位并加以标识。
2. 整顿用心做到好，处处整齐易管理。
3. 仓储原则要遵守，先进先出是基础。
4. 化学物品很危险，存储使用要小心。
5. 你思考、我动脑，改善问题难不倒。

清扫

1. 全员参与来打扫，相信明天会更好。
2. 扫走旧观念，扫出新天地。
3. 清扫清洁按时做，生产顺畅不会错。
4. 全员做清扫，环境更美好。
5. 人人有任务，清扫有程序，检查有标准，做好留证据。

清洁

1. 看不到的地方，也一干二净。
2. 维持前3S效果，使其规范化、标准化。
3. 清洁检查坚持做，一点问题不放过。
4. 每天自我检讨，现场自然更好。
5. 仪器设备勤保养，生产自然更顺畅。
6. 分析原因要认真，解决问题要彻底。
7. 厕所卫生要注意，干净清洁常保持。
8. 追求卓越的过程，享受完美的结果。

素养

1. 养成良好习惯，提高整体素质。
2. 良好素养要培养，营造团队力量大。
3. 6S始于素养，终于素养。
4. 培养优质素养，提高团队力量。
5. 塑造人的品质，建立管理根基。
6. 培育礼仪员工，创造团队精神。
7. 每天进一步，踏上成功路。
8. 为自己养成一个好习惯，给别人留下一个好印象。

9. 先有好的灌溉，才有好的成果。
10. 培育礼仪员工，创造团队精神。
11. 保护环境是责任，爱护环境是美德。
12. 给自己养成个习惯，为别人留下个好环境。
13. 乱丢乱吐，文明全无；废物入箱，才合规章。
14. 自觉遵守饭堂纪律，养成饮食卫生习惯。
15. 对工作永远不要满足现状，要不断地提出更高的要求。
16. 无人房间灯不亮，人走灯灭成习惯。
17. 电脑不让空运行，两面用纸处处省。
18. 只需一个小动作，不让电器空运作。
19. 展礼仪风采，树文明形象。
20. 人人讲文明，处处重礼节。
21. 用礼仪沟通心灵，让文明变成行动。
22. 顺手捡起一片废纸，纯洁的是自己的精神。
23. 争做一流员工，同创一流企业。

安全

1. 确保安全，关爱生命，以人为本。
2. 安全：消除隐患，安全生产。
3. 好员工：想公事，做实事，不出事。
4. 安全来自长期警惕，事故源于瞬间麻痹。
5. 多看一眼，安全保险；多防一步，少出事故。
6. 工作为了生活好，安全为了活到老。
7. 生产再忙，安全不忘，人命关天，安全在先。
8. 树立企业安全形象，促进安全文明生产。
9. 加强安全技术培训，人人学会保护自己。
10. 消除一切安全隐患，保障生产工作安全。
11. 生命只有一次，安全伴君一生。
12. 安全连着你我他，平安幸福靠大家。
13. 你对违章讲人情，事故对你不留情。
14. 安全生产，人人有责；遵章守纪，保障安全。

15. 事故不难防，重在守规章。
16. 危险物品，隔离放置；标志清晰，注意防火。
17. 消防设施，常做检查；消除隐患，预防事故。
18. 按章操作机械设备，时刻注意效益安全。
19. 加强消防安全培训，提升你我安全意识。
20. 懂我就靠近我，不懂就请远离我。
21. 光靠经验不可靠，标准作业最重要。
22. 严谨思考，严密操作；严格检查，严肃验证。
23. 与其事后痛哭流涕，不如事前遵章守纪。
24. 简化作业省一时，贪小失大苦一世。
25. 安全生产莫侥幸，违章操作要人命。
26. 安全是生命之本，违章是事故之源。
27. 求快不求好，事故常来找。
28. 按章操作莫乱改，合理建议提出来。
29. 快刀不磨会生锈，安全不抓出纰漏。
30. 高高兴兴上班，平平安安回家。
31. 今天工作不安全、明天生活没保障。
32. 上班一走神，事故敲你门。